Hans-Jürgen Müller
Zwischen Bravo und Mosaik –
Jugendjahre in Kleinwittenberg

Hans-Jürgen Müller

Zwischen Bravo und Mosaik – Jugendjahre in Kleinwittenberg

Rediroma-Verlag

Bibliografische Information der Deutschen Nationalbibliothek:
Die Deutsche Nationalbibliothek verzeichnet diese Publikation in der Deutschen Nationalbibliografie; detaillierte bibliografische Daten sind im Internet über http://portal.dnb.de abrufbar.

ISBN 978-3-96103-896-1

www.rediroma-verlag.de
9,95 Euro (D)

Inhalt

Einleitung 6
I) Die frühen Jahre 8
II) Hermann-Kürschner-Straße 8 / Der Hof 33
III) Meine Tante Hanni, Cousins und Cousinen 76
IV) Die ersten größeren Konsumgüter 85
V) Handel und Handwerk in Kleinwittenberg 96
VI) Der Joly-Park 108
VII) Dr. med. Dosch 111
VIII) Die Kleinwittenberger Kneipen 114
IX) Die Kleinwittenberger Handwerker 136

Einleitung

Dieses Buch soll keine Geschichte des alten Schiffer- und Fischerortes Kleinwittenberg werden. Aber untrennbar sind meine Kinder- und Jugendzeit mit diesem Ort verbunden und so wird es immer bleiben. Der alte Kleinwittenberger Hafen mit seiner Hafenbahn, die damals noch lebhafte Schifffahrt auf dem Elbestrom, die typischen Kleinwittenberger Schifferkneipen und Schifferkantinen und die vielen kleinen Läden bilden die unverwechselbare und anheimelnde Kulisse für meine erlebnisreiche und glückliche Kindheit und Jugend in den sechziger und siebziger Jahren in der DDR.

Viele verschiedene Menschen haben mich durch diese Zeit begleitet. Jeder davon war auf seine eigene Art besonders. Sie haben mich geprägt und geformt und tauchen in meiner Erinnerung auf. Sie bilden zusammen mit der Musik und den Filmen dieser Jahre die Zutaten zu jenem Streifen, der so oft in meinem Kopf abläuft. So möchte ich von meinem Leben in dieser so spannenden Zeit und den, von heute aus betrachtet, vielleicht manchmal etwas groben Streichen berichten, derer wir uns seinerzeit rühmten. So mancher Zeitgenosse wird sich vielleicht wiedererkennen und hoffentlich mit einem Schmunzeln jener Jahre gedenken, die vielleicht auch zu den glücklichsten seines Lebens zählen.

I) Die frühen Jahre

Als ich 1962 geboren wurde, begann der große Stern der Elbeschifffahrt bereits zu sinken. Aber immer noch lagen große Dampfer mit Schleppkähnen am Kleinwittenberger Elbeufer, immer noch war voller Hafenbetrieb und ebenso hingen die Netze der Fischer zum Trocknen an der Elbe vor dem „Goldenen Anker“. So war es auch noch, als ich an der Hand meiner Großmutter zur Schifferkantine wackelte und so langsam zu denken begann.

Wir wohnten in einem Mehrfamilienhaus, nur wenige Meter von der Elbe und vom Hafen entfernt. Das bot große Vorteile, denn das Betreten des für uns so sehr beliebten Abenteuerspielplatzes Hafen war natürlich gerade für uns Kinder verboten. Abgehalten hat uns das natürlich gar nicht, wie ich später noch berichten werde. Im Haus wohnten viele Kinder und überhaupt mehr Menschen, als man es sich heute für ein Haus solcher Größe vorstellt. Sie alle haben bleibende Eindrücke bei mir hinterlassen. Ich wuchs mit einem Bruder und einer Schwester auf. Auch mein Cousin Dietmar lebte so gut wie ständig bei uns. Sie waren älter als ich, natürlich auch deren Freunde und Freundinnen. Regelmäßig bevölkerten alle unseren Hof und oft auch unsere Wohnung, was ich ganz toll fand, meine Eltern dagegen manchmal nicht so sehr. Aber da meist auf Arbeit befindlich, bekamen sie so manches nicht mit, was auf dem Hof passierte. Das war auch besser so, denn vieles hätten sie gar nicht verstanden, geschweige denn gebilligt. Es waren alles keine schlimmen Sachen, aber die Eltern, oft aus der Kriegsgeneration, hatten eben damals noch ganz andere Ansichten als wir.

Ich dagegen sah mit großen Augen bewundernd zu meinen Gefährten auf. Für mich waren alle Helden und jeder Tag ein tolles Abenteuer. Da stürzte zum Beispiel mein Cousin Dietmar, eine knallbunte Schlaghose und lange Haare tragend, zur Küchentür herein und rief: „Hör mal, Medy (meine Schwester), Satisfaction!"

Ich wusste zwar noch nicht, was „Satisfaction" und „Rolling Stones" bedeutet, aber die genialen Gitarrenriffs, die etwas gepresst aus Dietmars kleinem „Stern"-Radio klangen, gefielen mir schon damals. Dazu übten seine mit riesigen Blumen verzierte und extra bei Schneider Wenzel aus feinem Manchesterstoff gefertigte Schlaghose zusammen mit den obligaten langen Haaren eine wahnsinnige Anziehungskraft auf mich aus. Meinen Vater reizten diese Hosen auch, aber so ganz anders als mich. Deshalb musste Dietmar, immer, wenn er bei uns war, sein tolles Beinkleid gegen die in der DDR damals übliche graue Schlauchhose austauschen. Dazu war der immer gleiche Satz meines Vaters zu hören: „Mit diesen Zirkus-Sarrasani-Hosen kommt er bei uns nicht rein!"

Oftmals übernachtete Dietmar in der Küche auf der Couch (dieses Möbelstück wurde gemeinhin „Faulenzer" genannt) und auf dem Küchentisch stand sein „Stern"-Radio, an dem er mit einem Einweckgummi meist zwei Flachbatterien befestigt hatte. Ein Stapel „Mosaik"-Hefte von Hannes Hegen hatte ihm scheinbar als Nachtlektüre gedient. Der Tag ging oft schon lustig los, denn viele große Hits aus den „Großen 8" von Radio Luxemburg wurden nachgespielt und nachgesungen. Eine Mikrofonattrappe (bestehend aus einer alten Stabtaschenlampe mit angeklebtem Kabel) sowie eine leider nur noch dreisaitige, gelb lackierte Gitarre bildeten wichtige Requisiten. Die Interpretationen klangen zwar etwas eigenwillig und waren natürlich auch längst nicht so gut wie in der damals wichtigen Sendung „Beat-Club“, aber das tat der Begeisterung keinen Abbruch. Übrigens waren „Beat-Club“ und „Studio B“ mit Chris Howland alias Pumpernickel die bedeutendsten Musiksendungen im Westfernsehen. Sie durften von den Beat-Begeisterten jener Jahre keinesfalls verpasst werden, traten dort doch alle angesagten Gruppen und Sänger auf. So zum Beispiel „The Crazy World of Arthur Brown“ mit dem Titel „Fire“. Der Auftritt war so spektakulär wie die Musik, denn die Haare des Sängers schienen zu brennen und Dietmar hätte das am liebsten gecovert. Letztendlich schienen ihm seine Haare dann aber doch zu wertvoll zu sein.

Nach und nach tauchten noch mehr von Dietmars und Medys Freunden in meiner kleinen Welt auf. Darunter waren auch tolle Gestalten, wie ein gewisser Ernst van Bentum, der von allen nur Charly genannt wurde. Charly schielte etwas und war auch sonst nicht der Hellste. Dafür hatte er aber ein tragbares Tonbandgerät. Das war für diese Zeit der absolute Wahnsinn und ließ viele seiner kleinen Handicaps in den Hintergrund treten. Auf den Bänken des Kleinwittenberger Marktplatzes saßen auch immer Beat-Fans mit ihren Kofferradios. Wenn Charly und die anderen dann mit umgehängtem Tonband vorbeiliefen und z.B. „Lady Jane“ von den „Stones“ abspielten, versuchten diese immer verzweifelt mit ihren Kofferradios den vermeintlichen Sender zu finden. Sie hatten eben noch nie ein tragbares Tonbandgerät gesehen. Die Rundfunktechnik war damals in der DDR noch nicht so ganz fortschrittlich.

Manche hatten zwar riesige Kofferradios (meistens der „Stern"-Marke), aber natürlich ohne UKW. Daher war natürlich auch ein wichtiges Statussymbol, nämlich die Teleskopantenne, nicht vorhanden. Um diesen Mangel wenigstens optisch zu kompensieren, steckte Dietmar einen langen Schweißdraht an sein Radio. Von weitem konnte dann durchaus mit besagter Antenne verwechselt werden, hatte sonst aber leider keinerlei Nutzeffekt. Mit diesen wichtigen Utensilien versehen, standen dann oft die ganzen „Beat-Gruppen" an der Ecke vor Martha Neumanns Tabakwarenladen an der Ecke Lug- und Dessauer Straße. Mit diesem Laden sind noch mehr Erinnerungen verknüpft, doch dazu später.

Charly hatte aber auch noch einen viel tolleren Gegenstand in seinem Besitz – ein bereits für diese Zeit uraltes Auto. Diese tolle Mobil musste zwar mehr geschoben werden, als es wirklich fuhr, aber wer hatte damals in diesem Alter schon ein Auto! Durch das viele Schieben war zumindest der Kraftstoffverbrauch gering und auch so passte der „Wagen" irgendwie gut zu seinem Besitzer. Trotzdem sollte das Auto neu gestrichen (nicht etwa gespritzt) werden und alle hatten dazu innovative Vorschläge. Natürlich sollten es Pop-Farben sein und riesige, gemalte Sonnenblumen schienen auch eine nicht zu unterschätzende Rolle zu spielen, denn schließlich war ja Flower-Power-Zeit! Pure Begeisterung löste der Vorschlag meines Cousins aus, Blumenkästen an die Autofenster zu hängen. Der berüchtigte Volkspolizist und Abschnittsbevollmächtigte P., von dem noch die Rede sein wird, zog dieses Gefährt schließlich aus dem Verkehr. Dabei waren die zweifellos fehlende Verkehrs- und Betriebssicherheit eher weniger ausschlaggebend für seine „Maßnahme“. Viel verdächtiger erschienen der westliche Flower-Power-Kult und die langhaarigen Betreiber des subversiven Gefährtes und so musste der ohnehin schon pathologisch misstrauische Polizist natürlich einschreiten.

Dietmars bester Freund zu jener Zeit war Bernd. Dieser sollte im Gegensatz zu seinen Brüdern zwar nicht viel taugen, aber er sah blendend aus und ging mit meiner Schwester. Selbst meine Großmutter hielt große Stücke auf ihn, sie meinte immer, er sehe aus wie der bekannte Schlagersänger Roy Black. Das stimmte sogar irgendwie und wenn er mit seinen schwarzen Haaren, der gebräunten Haut und dem offenen weißen Hemd daherkam, dann drehten sich schon alle Mädchen nach ihm um. Dazu hatte er stets ein lässiges Grinsen im Gesicht und alle diese Zutaten machten ihn für das weibliche Geschlecht offenbar ziemlich anziehend. Mein Vater mochte Bernd natürlich gar nicht. Er entsprach eben einfach nicht seinen Kriterien. Aber meine Schwester anwortete auf Vorhaltungen nur: „Ich liebe, wen ich will!“ Ich dachte jedes Mal, meinem ansonsten gutmütigen Vater platzt der Kopf, aber machen konnte er nicht viel. Er hatte nur einmal die Genugtuung, Bernd rauszuwerfen. Meine Schwester hatte diesen nämlich in der Bodenkammer versteckt. Dort saß er auf einem leeren Marmeladeneimer und las im Schein seiner Taschlampe einen „Cotton“-Roman. Ihm gelang es auch noch, einen Finger an seine Lippen zu halten, als er mich sah. Aber mein Vater hatte ihn schon entdeckt und sprach nur das eine Wort: „Raus!“

Übrigens wurde auch Dietmar einmal aus Versehen von meiner Großmutter in der Bodenkammer eingeschlossen.

Da er sich nicht traute, Alarm zu schlagen, kletterte er den Blitzableiter runter. Auf halber Höhe sprang er dann auf das Dach von Hanischs Schuppen. Das war eine ziemlich gefährliche Nummer. Die Höhe war beachtlich und genau unter dem Fenster befand sich der Kellereingang. Alles schön gepflastert und mit Eisengeländer versehen. Ein Sturz wäre fatal gewesen, aber so war dies eine weitere Heldentat meines Cousins. Er selbst verglich diesen Stunt gern mit den Action-Einlagen des damals sehr populären französischen Schauspielers Alain Delon im Film „Schwarze Tulpe".

Aber zurück zu Bernd. Für mich hatte er oft ein Geschenk dabei, einmal sogar einen Zündplättchen-Revolver. Der war damals in der DDR gar nicht zu bekommen und meine Freude kannte keine Grenzen mehr. Viele Jahre habe ich das gute Stück aufbewahrt und noch heute sehe ich die roten Griffschalen und das verchromte Gehäuse deutlich vor mir. Überhaupt war es von Vorteil, der kleine Bruder zu sein. Alle Freunde meiner Schwester brachten mir regelmäßig kleine Geschenke mit, wahrscheinlich, um wenigstens mich günstig zu stimmen. Anfangs bekam ich oft die ebenso beliebten wie schwer erhältlichen Glasmurmeln und später auch so manchen von den begehrten Gummi-Indianern (in Unkenntnis des richtigen Plurals auch „Indianers"genannt). Allerdings mussten mich die „Großen" auch überallhin mitschleppen. So auch in das Piesteritzer Schwimmbad. Auch dort war Bernd für mich ein Held. Ich konnte noch nicht schwimmen, also setzte er mich auf seinen gebräunten Rücken und durchquerte so mit mir diagonal das Schwimmerbecken. Wenn er dann wie ein König aus dem Becken stieg und die bewundernden Blicke aller

Mädchen auf sich zog, war ich natürlich stolz, neben ihm und an seiner Hand gehen zu dürfen. Ansonsten lagen alle auf einer Decke und aus den unvermeidlichen Kofferradios dröhnten die großen Hits der Zeit. Die Sonne schien, ich hörte wie gebannt den Gesprächen zu, dem Lachen und dem Herumalbern der „Großen“ und war sagenhaft glücklich, dabei sein zu dürfen.

Gelebt wurde im Schwimmbad hauptsächlich von den schmackhaften Fischbrötchen (damals für 25 DDR-Pfennige) und Fassbrause (11 DDR-Pfennige). Beides war an einem auf der Wiese unweit des Planschbeckens stehenden Kiosk erhältlich. Unter der Tribüne wurde aus zwei Ladenöffnungen ebenfalls verkauft. Bevor sich die Jalousien öffneten, roch es immer schon nach frischer Bratwurst. Niemand hatte viel Geld, trotzdem wurde nichts vermisst. Es reichte sogar noch für filterlose Zigaretten, meistens der Sorte „Casino“ oder „Jubilar“. Diese konnten noch einzeln gekauft werden . Die begehrten „Kippen“ wurden dann in einem kleinen Papiertütchen verkauft. Natürlich wurden die Zigaretten bis zum Allerletzten geraucht. Weil sie dadurch schon nicht mehr zwischen den Fingern gehalten werden konnten, wurde einfach eine Stecknadel durch den kümmerlichen Rest getrieben und daran bis zur absoluten Unmöglichkeit geraucht. Aus einfachem Papier und Spucke wurde oftmals auch recht kunstvoll eine Art Zigarettenspitze in kurzer Zeit hergestellt. Besonders mein Cousin Dietmar brachte es in dieser „Kunst“ zu hoher Meisterschaft. So erschienen auch mir alsbald das Rauchen als eine durchaus erstrebenswerte Fähigkeit und ich bettelte ihn oft an, mir doch seine Restkippen, auch „Hugo“ genannt, zu überlassen. Mit großzügiger Geste wurde dieser mir dann manchmal überlassen und ich konnte dann noch ein, zwei Züge, natürlich nur „Backe“, machen. Gegner des blauen Dunstes werden jetzt natürlich die Augen verdrehen und über meine Dummheit staunen, zumal ich auch heute noch gern rauche. Klar, ich weiß um alle Nachteile, aber eine schöne Tasse Kaffee, eine gute alte Rock-Ballade und eine Zigarette – was kann schöner sein? Damals schon roch ich den Tabak gern und oft habe ich am Zigarettenetui meines Bruders geschnuppert. Ich weiß, das klingt ziemlich abgedreht und obsessiv, aber wenn niemand diese Vorliebe teilen würde, dann gäbe es auch keine Seife, Deos oder Rasierwasser mit Tabaknote. Überhaupt bewunderte ich meinen Bruder Harry wegen seines Zigarettenetuis (auch noch mit Monogramm!). Es schien mir damals so, als ob im Leben kaum mehr zu erreichen wäre, als ein solches zu besitzen. Das schmeichelte Harry natürlich ungemein und darum ließ er mir auch meinen Kinderglauben. Auch einer der alten Hafenspeicher roch noch viele Jahre nach Tabak. Dort wurden viele Jahre immer verschiedene Tabake und auch eine Vielzahl anderer Waren gelagert. Ich stellte mir immer vor, welche seltenen und exotischen Dinge hinter den alten Speichermauern wohl zu finden sein mochten. In seinen jüngeren Jahren half mein Vater oft beim Verladen mit. Das war Knochenarbeit, wog doch ein einzelner Tabakballen einen Doppelzentner (100 kg) und musste weitestgehend von Hand bewegt werden! Meine heutige Vorliebe für (leider kaum noch zu findende) alte Tabakläden resultiert wahrscheinlich aus dieser Zeit. Denn schon der erwähnte kleine Tabakladen von Martha Neumann (heute befindet sich ein Auto-Hi-Fi-Geschäft darin) hatte mich mit seiner so schön altertümlichen Einrichtung, den vielen ausgestellten Feuerzeugen, Pfeifen und bunten Schachteln in seinen Bann gezogen. Dann gab es da aber auch noch rote und grüne Brause, abgefüllt in den für diese Zeit typische Flaschen mit Schnappverschluss. Hersteller waren die Wittenberger Firmen Richter oder Runze. Im Laden hing auch ein alter Werbe-Spiegel mit der Aufschrift „In der Pause trinke Runze-Brause!“. Angeliefert wurde meist mit einem überaus alten, weinroten LKW, der noch über kellenförmige Winker am Fahrerhaus als Fahrtrichtungsanzeige verfügte. Ich fand es immer toll, wenn so eine Kelle plötzlich ausfuhr und loswinkte. Auch in diesem Laden konnten einzelne Zigaretten im Tütchen erstanden werden. Die alte Frau Neumann nahm es mit dem Jugendschutz nicht so genau, wenn man sagte, dass die Zigaretten für Vater seien. Und dann eben der Tabakgeruch! Na ja, soviel eben zum Thema „Sucht“!

Wie schon erwähnt, war diese Ecke ein beliebter Treffpunkt. Bei Beatmusik und einer Filterlosen wurden die neuesten Nachrichten ausgetauscht. Die unvermeidlichen Kofferradios wurden meistens auf dem dort befindlichen halbhohen Elektro-Verteilerkasten abgestellt. Alle trugen Schlaghosen und lange Haare. Als die Beatles im Fernsehen mit hochhackigen Schuhen zu sehen waren, beschloss mein Cousin Dietmar, die Höhe der Beatles-Hacken noch zu übertreffen. Endlich hatte er auch einen Schuster gefunden, der bereit war, sein Vorhaben umzusetzen. Dieser äußerte zwar Bedenken über die Haltbarkeit seines Werkes, aber schließlich versah er Dietmars Schuhe doch mit 6 cm hohen Hacken. Die Hacken der Beatles waren nur 5 cm hoch, wie man zu wissen glaubte. Natürlich brach einer der Hacken bei Dietmars erstem Auftritt ab und sein einziges

Paar Schuhe war somit nicht einsatzbereit. So kam er auf die geniale Idee, seinen Fuß mit Binden und Tüchern umwickeln zu lassen. Derart als Versehrter gezeichnet, humpelte er zu manchem Treffen. Dort ließ er sich gebührend bedauern und auch loben, da er trotz Schmerzen so mutig und aktiv sei. Eine damals schon oscarreife Leistung und auch dafür bewunderte ich ihn! Und dann noch die langen Haare! Alle Beat-Fans trugen ihre Haare lang. Das machte sie in diesen Zeiten in der DDR natürlich sofort verdächtig.

Wir schrieben die sechziger Jahre und die Weltkriegsgeneration mit ihren Soldatenhaarschnitten („Ein Koppelbreit über den Ohren die Haare weg – jawoll!") hatte das Sagen. Denen waren die Beat-Fans natürlich zutiefst zuwider und es gehörte schon ein gewisser Mut dazu, sich im Bus oder sonstwo mit „Filzkopf" und ähnlichen Nettigkeiten titulieren zu lassen. Mancher so liebenswerte, ältere Mitbürger, der vor nicht allzu langer Zeit noch willig den Befehlen eines gewissen Adolf Hitler folgte, forderte gar, den „Langhaarigen" die „Rübe abzuschlagen" oder sie in ein „Arbeitslager zu verfrachten". Und dann auch noch diese „Hottentotten-Musik"! Auch die Staatsmacht witterte natürlich Gefahr, war doch die Altherrenriege des Politbüros wahrlich nicht toleranter als der Durchschnittsbürger. Ganz im Gegenteil, denn die Beatmusik kam ja aus dem dekadenten Westen, vom „Klassenfeind" also, und war schon daher genauso wie ihre Anhänger hochverdächtig. Folgerichtig wurde die Volkspolizei angewiesen, Träger von langen Haaren regelrecht wegzufangen und diese „verdächtigen Elemente" schnellstmöglich zum Friseur zu verbringen, wie es so schön im Polizeideutsch hieß. Dieser Pflicht kamen die grüngekleideten Holzkopfbrigaden der

Schutzpolizei am liebsten auf Rummelplätzen, aber auch auf belebten Straßen nach. So erwischte es natürlich auch meinen Cousin Dietmar zweimal. Mitten in der Stadt, in der Schloßstraße, wurde er geschnappt. Seines abscheulichen „Verbrechens“ angemessen, wurde er sofort in Handschellen gelegt und zum nächstgelegenen Friseur geleitet. Einmal gelang ihm die Flucht, da der Salon über einen zweiten Ausgang zur Coswiger Straße verfügte und ihm freundlicherweise die Handschellen abgenommen wurden. Beim zweiten Mal allerdings musste er sich einen flotten DDR-Einheitsschnitt verpassen lassen, womit er sich kaum auf die Straße traute.

In dieser Zeit starb leider Brian Jones, ein Mitglied der Rolling Stones. Als Zeichen seiner Trauer lief Dietmar als Stones-Fan mit einer schwarzen Trauerbinde herum. Das war nun in den Augen der Obrigkeit wahrlich schon fast Hochverrat! Da in den meisten Polizistenköpfen nur Marschmusik schepperte, konnten sie diese kleine Geste zum Glück aber nicht interpretieren. Ständig auf der Flucht war man vor dem Polizisten P., seines Zeichens „Abschnittsbevollmächtigter“ (ABV). Dieses war nun ein besonderes Exemplar seiner Gattung, ebenso diensteifrig wie dummgefährlich. Auch mich hatte er später ständig im Visier, worauf ich noch kommen werde. Als „ABV“ hatte er ein bestimmtes Gebiet zu überwachen und schnüffelte ständig in den Schulen, den Höfen und auf den Plätzen herum. Zu wahrhaften Höhen (oder auch Tiefen) schwang er sich dabei natürlich bei der Überwachung der Beat-Fans auf, denn diese waren ihm besonders suspekt. Der liebe Gott (oder auch seine Gene) hatten ihm ein besonders abstoßendes Aussehen verliehen und dazu war seine Physiognomie von permanentem Misstrauen geprägt. Mein Cousin verglich ihn immer mit dem ebenso unsympathischen Polizeikommissar aus dem Film „Die schwarze Tulpe“, dem ein Säbelhieb in das Gesicht ein verblüffend ähnliches Aussehen verliehen hatte. Auch und gerade charakterlich waren Parallelen unübersehbar. Die erste Begegnung mit diesem Typen begann meist mit der gebellten Aufforderung: „Ausweis!“ Daraufhin musste sofort der Personalausweis vorgewiesen werden, den jeder brave DDR-Bürger stets bei sich zu tragen hatte. Zu tragen war der Ausweis immer in der rechten Innentasche, wegen der Rechtsordnung, Aber nein, dieser letzte Satz war jetzt nur einer von den lahmen Witzen, den die Volkspolizisten selbst erzählten.

Ein Höhepunkt war es, als Dietmar und Bernd verreisten und ich eine Postkarte mit dem spektakulären Satz bekam: „Bald sind wir in Amerika“. Da Dietmar sehr gut zeichnen konnte, bildete ein gemalter „Beatle“ den krönenden Abschluss der Karte und ich dachte voller Stolz: „Die haben‘s geschafft!“ Im Geiste sah ich die beiden schon in den US-Chartlisten. Leider kamen sie aber nur bis Rostock und konnten noch nicht mal mehr die Hotelrechnung bezahlen. Ein Anruf in der Drogerie Böhme sorgte schließlich dafür, das Dietmars Mutter Geld überwies. Das Gespräch musste auch noch der unendlich geduldige Drogist Böhme bezahlen, denn es war ja ein sogenanntes R-Gespräch. Es hatte also noch nicht so ganz mit der großen Karriere geklappt, aber das tat meiner Bewunderung keinen Abbruch, denn wenigstens hatten sie es versucht.

Was tat nun aber mein großer Bruder Harry zu jener Zeit? Er war der Älteste von uns und beteiligte sich natürlich nicht an solchen Aktionen. Aber neben dem Fußballplatz verbrachte er auch viel Zeit im „Goldenen Anker“, dem Ausgangspunkt vieler spektakulärer Auftritte und Geschäfte. Oftmals war im Saal der Gaststätten Tanz und ich war glücklich, wenn ich als Knirps mal zu meinem Bruder huschen konnte. Ich bewunderte die Männer mit den Saxophonen. Sie spielten mit ihrer Elvis-Tolle und den Schlauchhosen den guten, alten Rock‘n‘Roll und das live! Ich war noch ziemlich klein, hatte aber anscheinend schon den Musikvirus in mir, denn ich konnte bei dieser Musik meine Beine nicht mehr stillhalten. Ich war furchtbar stolz, als die Kumpels meines Bruders meinten: „Das kann der Kleine schon ganz gut!“ Besonders bei Chubby Checkers gutem, altem Stück „Let‘s Twist again“ wurde mir bescheinigt, mal ein ganz guter Tänzer werden zu können. Aber auch die Hymnen der Rock‘n‘Roll-Ära, wie Kelim Twins „When“ (später von „Showaddawaddy“ ganz gut gecovert) sorgten im typischen Saxophon-Sound für einen Rückfall in die fünfziger Jahre.

Als Harry zur Lehre ging, nahm mein Vater ihn manchmal mit auf ein Glas Bier, welches ihm damals aber einfach nicht schmeckte. Das hatte sich jetzt aber grundlegend geändert und seine Aufenthalte im „Anker“ waren oft von beachtlicher Länge. Das hatte manchmal natürlich gewisse Auswirkungen auf sein Erinnerungsvermögen und daher auch auf das, was am Abend vorher vielleicht so passiert war. Und so kam es, dass an einem schönen Sonntagmorgen einige junge Männer an unserer Wohnungstür klingelten und meinen Bruder sprechen wollten. Sie hatten alle Utensilien für einen Boxkampf bei sich, also Boxhandschuhe, Ringseil und dergleichen mehr. Verschlafen kam Harry zur Tür und konnte sich nur mühsam daran erinnern, dieses Event vorm „Anker“ verabredet zu haben. Aber sich drücken ging nicht mehr und so begann dieses sagenhafte Großereignis auf dem schönen, grünen Rasen unseres Hofes. Der Ring wurde aufgebaut und alle Kinder, Jugendlichen und Erwachsenen bildeten die Kulisse. Cassius Clay und Joe Frazier waren die größten Boxstars dieser und vielleicht aller Zeiten. Die großen Kämpfe wurden spät in der Nacht aus den USA übertragen und kaum jemand verpasste sie. So hielt sich auch das Publikum auf dem Hof durchaus für fachkundig und mit klugen Ratschlägen nicht zurück. Da mein Bruder älter und stärker war, gelang es ihm, die hoffnungslos unterlegenen Gegner durch den Ring zu treiben und uns zu Beifallsstürmen hinzureißen. Altersklasse und Gewicht spielten also keine große Rolle, es war nicht ganz fair, aber Harry war wieder einmal Held des Tages. Damit das Ganze auch einigermaßen regelkonform ablief, betätigte sich mein Vater übrigens als Ringrichter. Er sorgte für das Boxen mit freiem Oberkörper mit dem Hinweis auf eine Verletzungsgefahr durch Schlagwirkung bei einem hochkant stehenden Hemdenknopf oder Reißverschluss. Unserem Freund Botte verdanke ich diesen Hinweis. Er war übrigens auch dabei, als am Vorabend die Entscheidung für diesen großartigen Fight getroffen wurde. Die zündende Idee hatte wohl der damalige Freund meiner Schwester. Dieser wurde Suppe genannt und legte als Ort des Kampfes schon mal unseren Hof fest, obwohl er da gar nichts zu sagen hatte. In ausgleichender Gerechtigkeit platzte Suppe dann aber beim Boxkampf die Hose, was den Unterhaltungswert der Veranstaltung nochmals enorm vergrößerte.

Harry tätigte auch seit jeher viele seiner erfolgreichen Geschäfte im „Anker“, jener einmaligen Waren- und Nachrichtenbörse. Eines schönen Abends kam Harry mit einer 350er „Jawa“ vom „Anker“ geschoben. Er hatte diese damals hochbegehrte Maschine dort erstanden. Ein anderes Mal weckte er mich und meine Schwester mitten in der Nacht auf, um uns voller Stolz eine von den Russen gekaufte Damenarmbanduhr zu präsentieren. Diese war als Weihnachtsgeschenk für meine Mutter vorgesehen und wurde von dieser dann auch viele Jahre gern getragen. Wenn Harry guter Laune war und auch daran dachte, brachte er uns die köstliche Sülze aus dem „Anker“ mit, die von Kneipier Erich Straach selbst gemacht wurde. Wenn man spätabends aus dem Fenster in Richtung Elbe sah und Harry kam nach Kneipenschluss mit einem mit Pergamentpapier abgedeckten Päckchen daher, dann freuten wir uns schon. Oftmals pflegte er dann, wahrscheinlich aus sportlichen Gründen, über das verschlossene Hoftor zu klettern, obwohl er natürlich einen Schlüssel bei sich hatte. Da er dabei immer die Torklinke als Aufstiegshilfe benutzte, nahm diese regelmäßig Schaden. Dieses wiederum veranlasste Hausverwalter Krause zu endlosen Klagen an meinen Vater. Manchmal ging Harry seinen frühen fußballerischen Ambitionen auch auf dem Kleinwittenberger Marktplatz nach. Zusammen mit den B.-Brüdern, von denen zwei später ganz gute Spieler bei „Chemie Piesteritz“ wurden, absolvierte er dort so manches Match. Leider fehlte in ihrer Besetzungsliste manchmal der Torwart und so wurde mein Cousin Dietmar ein einziges Mal mit dieser ehrenvollen Funktion betraut. Dieser hatte jedoch so gar keine Ahnung von Fußball und so kam es, wie es kommen musste. Als der gegnerische Sturm Dietmars Tor entgegenrollte, rief mein Bruder Harry: „Komm raus, komm raus!“ Das bedeutete natürlich, Dietmar sollte dem Sturm entgegenlaufen und den in der Luft befindlichen Ball abfangen. Dietmar kam auch aus dem Tor, aber leider nach hinten raus und ward dann nimmer mehr gesehen. So endete dann leider seine doch recht kurze, fußballerische Karriere.

Er gab dann aber später, als Ausgleich gewissermaßen, viele „ausverkaufte“ Vorstellungen mit seiner Puppenbühne auf dem Marktplatz. Er verfügte zwar nur über sechs Figuren, aber es waren immerhin die für eine solche Bühne wichtigsten „Darsteller“ vorhanden. Wir fanden die Puppen jedenfalls schön und beneideten ihn darum. Um die Buchheim-Brüder wahrscheinlich zu besänftigen, wollte er später auch noch eine „Roy-Black“-Party geben. Das lässt uns heute noch lachen, denn er war ja nun ein absoluter Beat-Fan und hatte mit dem Schmusesänger gar nichts am Hut. Dafür aber die Buchheims und nur deshalb kam er auf diese tolle Idee. Kaum noch erinnern kann ich mich an das Karussell des Piesteritzer Schaustellers Alram und den kleinen Rummel, der regelmäßig auf dem Platz aufgebaut wurde.

Mein großer Bruder blieb immer dem Fußball treu. Er spielte sogar im Verein und so sah ich ihn mit meinem kindlichen Gemüt schon als künftigen Fußballstar, genauso wie Dietmar als aufgehenden Stern am Beat-Himmel. Harry nannte immerhin schon „richtige“Fußballschuhe mit abschraubbaren Stollen sein Eigen. Die hatte damals nicht jeder und ich fand diese Treter damals einfach großartig, eben so richtig „profihaft“. Medy dagegen war etwas weniger begeistert, denn sie musste die meist arg verschmutzten Teile gut putzen. Dafür bekam sie dann aber immer 2 Mark in bar. Das war damals für uns viel Geld, daher verrichtete sie diese Dienstleistung auch ohne großes Murren.

Er war der erste von uns Kindern, der schon Geld verdiente, aber nicht nur deshalb blickten wir zu unserem großen Bruder auf und waren stolz auf ihn. Es war immer ein wunderschönes Erlebnis, wenn wir drei Geschwister kurz vor Weihnachten in die Stadt gingen, um Geschenke für unsere Eltern zu kaufen. Wir gingen grundsätzlich immer zu Fuß, nicht nur, um Geld für den Bus zu sparen, sondern auch, um einfach die Vorfreude länger zu genießen. Meist lag Schnee und aus der Dauerbackwarenfabrik „VEB Wikana“ duftete es schon nach Pfefferkuchen. Die russische Garnison gegenüber der heutigen Aral-Tankstelle lag ebenfalls auf unserem Weg. Hier wiederum vernebelte uns der typische Geruch frischgebackenen, russischen Brotes etwas die Sinne. Vielleicht lag dies auch an dem beim Backen verwendeten Wodka. Diese russischen Kastenweißbrote schmeckten übrigens wunderbar und manchmal wurde eins davon über die Mauer geworfen, wenn wir nur lange und kläglich genug „Chleb, Chleb“ (russ. „Brot, Brot“) riefen.

Schließlich erreichten wir die Schlosswiese. Dort stand damals noch ein Kiosk und wir legten die erste Rast ein und Harry als „Alleinverdiener“ gab uns mit großzügiger Geste Bratwurst und Tee aus. Er selbst genehmigte sich meist einen Grog. Die vor uns liegende, weihnachtlich geschmückte Stadt, die im Dunkeln leuchtete, und der Schnee unter unseren Füßen trieben die Vorfreude auf den Einkaufsbummel noch zusätzlich in die Höhe. Wir kauften zuerst immer ein Spiel für uns drei. Diese Spiele waren für heutige Verhältnisse vielleicht primitiv, sie bereiteten uns und anderen aber viele Stunden unglaublichen Spaß. Ich erinnere mich noch gut an das Angelspiel oder an ein Fußballspiel, bei dem den Spielerfiguren auf den Kopf gedrückt werden musste, damit ein Bein vorschnellte. Durch häufiges Benutzen bekamen diese Spielerfiguren alsbald eine „Glatze“ und ähnelten sich dadurch immer mehr. Der Torwart war an einem Plastestreifen befestigt, welcher wiederum in einem Schlitz des Tores geführt wurde. Um nun den gegnerischen Ball abzuwehren, mussten damit ziemlich hektische Bewegungen ausgeführt werden. Wenn einem dabei auch noch im Eifer des Gefechts die Zunge heraushing, ähnelte der Anblick in beängstigender Weise einem epileptischen Anfall. Trotz dieser kleinen Begleiterscheinungen machte alles sehr viel Spaß und endlose Turniere wurden veranstaltet.

Von Harry bekam ich auch mein erstes ferngesteuertes Fahrzeug geschenkt. Es war eine Art Synthese von Planierraupe und Panzer mit dem Namen „Saturn“ und als Fantasie-Mondfahrzeug gedacht. Der durch das Kabinenglas sichtbare Astronaut konnte auf seinem Sitz gedreht werden, eine Radaranzeige bewegte sich im Innern und vieles mehr. Ich habe mich unglaublich über das Geschenk gefreut und es viele Jahre in Ehre gehalten. Mein Bruder hatte viel Geld für mich ausgegeben. Manchmal erstanden wir auch ein neues „Spiele-Magazin“, welches die bekannten „Mensch ärgere Dich nicht“-Spiele, sowie auch „Halma“, „Dame“ und „Mühle“ und meist noch ein paar neue Spiele enthielt. Auch das „Hütchen-Spiel“ fällt mir dazu noch ein.

Stundenlang nutzten wir gemeinsam mit Verwandten und Freunden diesen Zeitvertreib.

Harry war auch der Liebling meiner Großmutter, die ihn in ihrem typischen Sudetendeutsch „Gottlich“ nannte. Er besaß mehr oder weniger eine gewisse Narrenfreiheit. Er war ein guter „großer Bruder“, hatte aber auch eine ganze Reihe von seltsamen Gewohnheiten. Wir fanden auch das ganz toll, aber unsere Eltern waren nicht immer so begeistert. So baute mein Vater als gelernter Bau- und Möbeltischler eines Tages einen schönen Radio- und Fernsehschrank. In der Mitte befand sich das damals übliche große Röhrenradio (natürlich mit „Magischem Auge“ zur Sender-Feinabstimmung). Links und rechts davon waren zwei mit Türen verschlossene Fächer angefügt. Harry saß gern auf einem Stuhl vor dem Fernseher (Marke „Derby“, Schwarz-Weiß-Bild, Bildgröße 41 cm) und sah sich meist die „Sportschau“ an. Irgendwann kam er dabei auf die revolutionäre Idee, dass es doch viel bequemer wäre, die Türen zu öffnen und die Fächer nun als Beinablage zu nutzen. Das führte dann regelmäßig zu „Begeisterungsausbrüchen“ meines Vaters, der seine solide Tischlerarbeit so zweckentfremdet sehen musste. Es sah natürlich auch irgendwie seltsam aus, wenn Harry seine Füße sozusagen im Schrank „parkte“.

Wie schon erwähnt, waren auch seine Aufenhalte im „Anker“, meist im Anschluss an sein Fußballtraining, relativ häufig. Hier verbrachte er mit seinen Fußball-Kameraden so manchen Abend bis zum Kneipenschluss. Manchmal stand der Wirt Erich Straach schon mit Hut und Stock hinter der Theke und wollte schließen. Dabei kam es schon mal vor, dass es bei der Absicht blieb. Erich hatte dann selbst ein Gläschen zu viel getrunken und fiel einfach um. In diesem „Notfall“ schlossen dann eben Harry und seine Kumpel die Kneipe ab. Den Schlüssel ließen sie dann Erichs Sohn, welcher selbstredend auch Kneipier war (im „Krug zum grünen Kranz“), zukommen. In Folge der reichlich genossenen Biere kam es bei meinem Bruder aber auch zu gewissen Fehlhandlungen. Nachdem er auf weiter vorn beschriebener Weise das Hoftor überwunden hatte (In diesem Zustand übrigens eine absolute, nicht ganz ungefährliche Spitzenleistung!), konnte ihn, wahrscheinlich auch aufgrund der körperlichen Anstrengung, durchaus mal ein zutiefst menschliches Bedürfnis überkommen. Einfacher ausgedrückt könnte man auch sagen, er musste dringend kacken. Er pflegte auch grundsätzlich nach seinem Kneipengang, den Inhalt einer Fischbüchse zu verzehren. Dies mag dem Vorgang eine zusätzliche Beschleunigung verliehen haben. In größter Eile suchte er deshalb das Klo auf, welches sich auf dem Flur befand und immerhin schon Wasserspülung hatte (in dieser Zeit noch keine Selbstverständlichkeit!). Endlich am Ziel angekommen, vergaß er nun leider, sich bei der Verrichtung seines Beinkleides zu entledigen und so landete alles im selbigen und leider nicht im Klobecken. Kurz entschlossen nahm er nun seine Hose mit „Inhalt“ und warf sie mit gekonntem Schwung auf einen Mauerabsatz, der sich im Raum befand und von einem kleinen Vorhang verdeckt wurde. Dahinter befanden sich Reinigungsmittel, Farbbüchsen und nun auch Harrys Hose. Dort fand sie am nächsten Tag prompt mein Vater. Harry wusste natürlich von nichts mehr etwas. Meine Großmutter reinigte die Hose, nachdem sie den etwas unappetitlichen Inhalt entsorgt hatte. Sie schimpfte zwar etwas in ihrem

Sudetendeutsch über den „Saafknittel“ (in etwa „Saufbruder“), aber das war es auch schon. So sorgte mein Bruder immer für Abwechslung, auch mit geringsten Mitteln. Eines Tages kam ein kleines Paket von seinem Kumpel Klaus aus Gera bei uns an. Der Inhalt bestand aus einem Mickymausmann und einer Mickymausfrau. Beide waren kunstvoll aus Kronenverschlüssen zusammengelötet worden und wunderschön lackiert. Der Mickymausmann trug einen runden Koffer, der ebenfalls aus den besagten Kronenverschlüssen bestand. Dieser begeisterte mich besonders, weil er die Aufschrift „Tuborg-Bier“ trug und somit aus dem „Westen“ kam. Mit kritischem Blick beanstandete Harry nun die seiner Meinung nach fehlenden Hälse der Figuren. Diesen anatomischen Mangel versuchte er beim Nachbau am gleichen Abend auszugleichen. Da es für mich schon spät war, ging ich zu Bett und konnte somit das Ergebnis seines kreativen Schaffens erst am nächsten Morgen bewundern. Das war dann aber auch wirklich ein Brüller, denn Harry hatte als Hals etwas zu lange Spiralfedern eingelötet. Dadurch begannen die Mickymäuse, ihre Köpfe hängen zu lassen und schienen wegen ihres Aussehens selbst unsagbar traurig zu sein. Da die Konstruktion auch sonst nicht sonderlich geglückt schien, ließ Harry seine „Produktion“ vor der Serienreife auch schleunigst verschwinden. So wurden so manche Projekte von ihm leider oftmals nicht zu Ende geführt.

Als Ende der sechziger Jahre das Zweite Programm aufkam, beschloss Harry spontan, die zum Empfang notwendige Technik selbst zu bauen oder zu beschaffen. Offiziell gab es dergleichen auch noch gar nicht. Ich schwelgte schon in Vorfreude, denn wenn das Vorhaben gelang, konnte ich mächtig vor meinen Kumpels angeben, denn so etwas hatte kaum jemand. Außerdem bekam man ja auch viel mehr Filme zu sehen und vor allen Dingen Beat-Sendungen! Die Arbeiten begannen auch zügig voranzuschreiten. Harry nahm mich auf seiner „Jawa" zu einem Kumpel mit. Dieser hatte sich als Antennenbauer betätigt und eine tolle Konstruktion aus Messing kreiert, die sehr stark an eine viereckige Fischreuse erinnerte. Das futuristisch anmutende Gebilde war auch ebenso groß wie schwer. Mit diesem abenteuerlichen Gerät traten wir die Rückreise an. Dann aber muss Harry aufgegangen sein, dass ja auch noch ein sogenannter Konverter benötigt wurde. Dieser Konverter könnte vielleicht mit einem heutigen Receiver verglichen werden und war einfach nicht erreichbar für uns. Somit trat das Projekt erstmal in eine Ruhephase.

Es ist mir aber gelungen, doch noch Sendungen des ZDF sehen zu können, bevor dies in der DDR allgemein möglich war. Es gab nämlich glücklicherweise Martinas Onkel Fritz. Dieser verfügte über umfangreiche Beziehungen und konnte so gut wie alles besorgen. Ihm war es natürlich schon längst gelungen, das ZDF zu empfangen. Weil er ein guter Kerl war, durften Martina, Hubert, meine Wenigkeit und noch so manch anderer am frühen Samstagabend zu ihm und seiner Familie pilgern. Dort sahen wir uns begeistert solche Serien wie „Tarzan", „Flipper" oder „S.O.S. Charterboot"an. Es war jedes Mal ein Erlebnis. Obwohl unsere eigenen Bemühungen mit der Antenne eher etwas stagnierten, hatte aber trotzdem alles Spaß gemacht und war aufregend für mich gewesen.

Harrys Ansehen bei mir wuchs und wuchs. Einen vorläufigen Höhepunkt erreichte es aber nach einem Fußballspiel.

Harry war zu dieser Zeit Stürmer in einer Betriebsmannschaft. Eines schönen Tages tauchte mein zukünftiger Schwager Manfred auf unserem Hof auf. Er trug einen grauen Popelinemantel und in einer Schlinge seinen gebrochenen Arm. Das war möglicherweise schon ein Zeichen, denn Verletzungen, manchmal durch recht kuriose Zwischenfälle zugezogen, sollten Manfred durch sein ganzes Leben begleiten. Das also war „Manni", seinen Schilderungen zufolge einer der besten Torhüter von „Einheit Wittenberg". Einige Zeit später stieg das große Spiel und Torwart Manni stieß auf Stürmer Harry. Trotz strömenden Regens ließen Dietmar, Medy, ich und einige andere es sich nicht nehmen, dem historischen Match beizuwohnen. Torwart Manni musste elfmal hinter sich fassen, um den Ball aus dem Netz zu holen. Einige Tore erzielte mein Bruder und natürlich war er unser Held.

Immer wenn es etwas Neues gab, nervte ich ihn, es mir zu kaufen oder zu besorgen. Ich kann mich noch gut an die ersten in der DDR ausgegebenen Fünf-Mark-Stücke erinnern. Sie waren bronzefarben und natürlich wollte ich unbedingt so ein Teil haben. Also bekniete ich meinen großen Bruder. Der hatte gerade eins davon mit seinem Lohn bekommen, das hatte ich schon herausgefunden. Er fragte mich, ob ich überhaupt wisse, wie viel Geld das sei. Das wusste ich damals noch nicht so recht. Heute weiß ich natürlich, dass fünf Mark damals sehr viel Geld waren. Trotzdem schenkte er mir das schöne Stück, er konnte seinem kleinen Bruder schwer etwas abschlagen.

Wenn meine Schwester und ich Winterferien hatten, nahm Harry auch manchmal Urlaub. Die Eltern waren arbeiten und so fanden wir drei uns in der Wohnstube wieder, die vom gerade angeheizten Kachelofen begann, warm zu werden. Draußen fiel oft Schnee und wir sahen uns im kleinen Schwarz-Weiß-Fernseher Skispringen an. Damals wurde noch mit Bommelmütze und vorgestreckten Armen gesprungen. Männer wie der Skispringer Recknagel waren sehr bekannt und Harry als Sportexperte gab fachkundige Kommentare und Vermutungen über die Sprungweite ab.

Wir versuchten auch gemeinsam immer alles, um irgendwo etwas zu gewinnen. Für ein gelöstes großes Kreuzworträtsel aus der Zeitung konnte bei Einsendung schon mal die gewaltige Summe von 10 Mark ausgelobt werden. Harry hatte ein großes Allgemeinwissen und blättere oft im alten „Mayers Konversationslexikon" meines Vaters. Dabei amüsierte er sich immer prächtig, wenn Medy manchmal etwas einfältige Antworten auf seine Fragen gab. Wir spielten auch viele Runden „Mensch, ärgere dich nicht" und Medy ärgerte sich immer besonders, wenn ihre grünen Kegel rausflogen.

Wir sammelte übrigens auch die Plasteabdichtungen aus den Kronkorken der „Cola Gold". Zu dieser Zeit gab es in der DDR nur diese eine Cola-Sorte. Sie schmeckte gar nicht schlecht und auf den bewussten Plasteabdichtungen befand sich immer eine bestimmte einstellige Zahl. Irgendjemand hatte nun behauptet, es gäbe einen Preis vom „Konsum", wenn von 1 bis 100 ein vollständiger Satz vorgewiesen werden könnte. Ich habe nie erfahren, ob das überhaupt stimmte, auch weil wir dieses Ziel nie erreichten. Trotzdem machte allein das Sammeln und Mitmachen Spaß. Die gesammelten, aber leider nun nicht vollständigen Plastikscheiben wurden in einem alten Radiokarton aufbewahrt. Dieser enthielt ursprünglich Harrys russisches

Radio, welches, wie nicht anders zu erwarten, ebenso wie seine Kamera „Penti“, im „Anker“ erstanden wurde. Nachdem unsere Sammelbemühungen leider nicht den gewünschten Erfolg zeitigten, wurde der Karton sozusagen degradiert. Er diente nun als Behältnis für zerrissene Zeitungen. Diese wiederum erfüllten in der Toilette vor der Klopapierzeit eine wichtige Funktion. Das Zeitungspapier war zwar wenig aufnahmefähig und hinterließ auch manchmal Spuren von Druckerschwärze an bewussten Teilen, aber es war vor der Benutzung als willkommener Lesestoff geeignet. Leider endete der spannendste Text oft an der Risskannte und spätestens dann wurde das Papierstück frustriert seiner neuen Bestimmung zugeführt. Boshafterweise könnte hinzugefügt werden, dass viele Presseerzeugnisse dazu auch wesentlich geeigneter als zum Lesen waren. Wie auch immer, jedenfalls war es eine schöne Zeit, als wir Geschwister noch zu Hause wohnten.

Als zweiten Bruder sehe ich auch meinen Cousin Dietmar an, der schon immer zu unserer Familie gehörte. Sie alle spielten und spielen eine wichtige Rolle in meinem Leben.

II) Hermann-Kürschner-Straße 8 / Der Hof

Wie sah nun das Leben im Haus „Hermann-Kürschner-Straße 8“, früher „Elbstraße“, aus ? Ich kann nur sagen, es war wie unsere Zeit damals – kunterbunt und schön. Mögen die Fassaden auch oft grau gewesen sein, mag die Vergangenheit auch oft mit goldener Feder geschrieben werden, ich bleibe dabei. Denn entscheidend ist letztendlich immer, was die Menschen aus ihrer Zeit machen.

Das Vierfamilienhaus mit den oberen kleinen Mansardenwohnungen hat eine lange Geschichte, auf die ich in späteren Aufzeichnungen noch eingehen werde. Es sei nur erwähnt, dass es einstmals als Gaststätte mit eigener Brauerei diente und daher einen entsprechend tiefen Keller besaß. Dieser Keller ging zwei Etagen unter die Erde und besaß noch die Stahltüren und Belüftungsanlagen aus der Hitlerzeit, erkennbar auf den Betriebsschildern mit Reichsadler und Hakenkreuz. Zu dieser Zeit diente er als Luftschutzbunker. Dieser Keller war so richtig schön gruselig und wir spielten oft darin „verstecken“. Uralte, staubbedeckte Truhen standen in den Ecken und Gewölben. Oft glaubten wir, gleich werde sich quietschend ein Deckel öffnen und eine schreckliche Gestalt der Truhe entsteigen. Jeder, der abends zum Beispiel noch Kohlen aus dem Keller holen musste und am Vortag einen der damals oft gezeigten alten „Dracula“-Filme mit Christopher Lee gesehen hatte, konnte gar nicht schnell genug aus dem Keller kommen. In der Eile flog man dann auch gern schon mal über die Kohleneimer. Dietmar, Medy, Martina und noch viele andere spielten dort unten und ich natürlich auch. Dabei wurde Silvia einmal fast von einer schweren Stahltür erschlagen, die nur in der Ecke lehnte. Medy dagegen erschreckte sich fast zu Tode, als sie auf Dietmars weichen Körper trat, der im Dunkeln flach auf einer Stufe lag. Dieses Versteck war ihm sehr originell erschienen.

Wir verfügten auch über einen schönen, großen und abgeschlossenen Hof mit einer saftig grünen Wiese und hohen, alten Birnbäumen, zwischen denen die obligatorische Teppichklopfstange hing. Der Hof wurde auf einer Seite von dem zweistöckigen Gebäude der Fleischerei begrenzt. Hier roch es immer nach geräucherter Wurst und wir konnten durch meist geöffnete Fenster sehen, wie die Wurst verarbeitet wurde. Unsere flehentlichen Bitten um eine Kostprobe wurden aber vom fettleibigen Fleischer-Chef grundsätzlich mit einem Eimer Wasser beantwortet, den er vom zweiten Stock aus über unsere Köpfe entleerte. Durch diese sehr effektive Methode wurden unsere Köpfe etwas abgekühlt und auch der Appetit ließ schlagartig nach.

Die hintere Abgrenzung des Hofes bildete ein zweistöckiger Flachbau aus unverputzten Ziegeln. Dieses Gebäude beherbergte unten die Waschküche, zwei Schuppen und zwei Toiletten. Die darüber liegende Wohnung beherbergte oft zänkische alte Frauen. Von denen ließen wir uns aber keinesfalls einschüchtern. Als die alte Frau Agert, welcher eine frappierende Ähnlichkeit mit der Hexe aus dem Märchen kaum abzusprechen war, es mit ihren Boshaftigkeiten mal wieder etwas weit trieb, musste sie einfach in die Schranken gewiesen werden. Dabei hatte Veronika, welche auch im Haus wohnte, eine gleichsam geniale wie höchst wirksame Idee. Sie bestrich ihre Hand mit schwarzer Tinte und verewigte den Abdruck auf einem Zeichenblatt. Zusätzlich mit den düsteren Worten „Letzte

Warnung! Die Schwarze Hand." versehen, wurde das Ganze dann in Frau Agerts Briefkasten deponiert. Nach der Lektüre des fröhlichen Schreibens hatte Frau Agert Zustände und wir wieder etwas Ruhe. Veronika musste etwas Mühe und diverse Reinigungsmittel aufwenden, um die restliche Tinte von ihrer Hand zu entfernen, aber das war uns die Sache wert.

Der Garten der Familie Kühn, deren Grundstück bis direkt zur Elbe reichte, bildete eine weitere Begrenzung des Hofes. Zwischen der Tür zur Waschküche und Krauses Garage war nur ein alter Drahtzaun zwischen diesem Garten und unserem Hof gespannt. Dahinter befand sich ein ziemlich wild wachsender Obstbaum mit äußerst sauren Schattenmorellen auf Kühns Grundstück. Dazu passend wuchs unterhalb des Baumes ebenso saurer Rharbarber. Trotz der eindeutigen Eigentumsverhältnisse beschlossen wir Kinder, die verbotenen Früchte alsbald zu ernten. Ich glaube, es war wieder einmal Veronika, die damals die zündende Idee hatte. Kurzerhand wurde Hubert Krause, wahrscheinlich aufgrund gewisser körperlicher Eigenschaften, zum Pflücker bestimmt und mit einer umgebundenen Kiepe über den Zaun geschickt. Es war ein herrliches Bild, wie er breit bis zu den Ohren grinsend im Baum saß und mit affenartiger Geschwindigkeit die verbotenen Früchte erntete. Wir hatten natürlich Angst vor der furiosen Frau Kühn. Für den Notfall beschlossen wir daher, auf „Mundraub" zu plädieren, vergaßen dabei aber natürlich das Vorhandensein der Kiepe. Ich weiß noch genau, wie sich sprichwörtlich alle Löcher beim Verzehr des Ernteguts zusammenzogen, die weiteren körperlichen Folgen habe ich vergessen. Immerhin wurden wir nicht erwischt und das

„Titschen“ in Zucker half gegen Saures. Manchmal bin ich auch geneigt, meinen immer noch vorhandenen Drang nach Süßigkeiten mit diesen damaligen „Geschmackerlebnissen“ in Zusammenhang zu bringen. Das ist sicher etwas weit hergeholt, genauso wie meine Vermutung, dass manche Pflanzen vielleicht gewisse Eigenschaften (sauer!) ihrer Besitzer oder „Anbauer“ annehmen.

Unser Hof lag also auch in unmittelbarer Nähe des Elbhafens und es waren nur wenige Schritte bis zum Fluss. Diese Lage war wegen der zahlreichen „Abenteuermöglichkeiten“ nicht zu verachten. Aber der Hof mit seinen alten Schuppen und den anderen Besonderheiten war anheimelnd und idyllisch. Stets wurde er von den Kindern und Jugendlichen aus dem Haus, aber auch von vielen Freundinnen und Freunden aller Altersgruppen bevölkert. Wenn im Frühjahr die Bäume blühten, vom Hafen her emsiger Betrieb zu vernehmen war und von der Elbe her die Dampfer tuteten, entfaltete der alte Hof seinen ganzen Reiz.

Aber auch Herbst und Winter setzten ganz eigene Akzente. Wir lasen Kartoffeln aus, bauten Schneemänner und erlebten vieles mehr. Jede Jahreszeit hatte auch irgendwie ihre eigenen Gerüche und Geräusche. So war im Winter auch oft das Krachen der Eisschollen von der Elbe her zu vernehmen. All das gab der Atmosphäre ihre ganz eigene, unverwechselbare und reizvolle Prägung. Es lässt nur schwer mit Worten einfangen und doch spüre ich es bis heute.

Viel mehr Leute, als es heute üblich ist oder auch nur vorstellbar erscheint, wohnten damals im Haus. Die erste Wohnung unten rechts wurde von Familie Krause belegt. Die Familie Krause bestand aus drei Personen, nämlich

Herrn Ernst Krause und Frau Gertrud und dem Sohn Hubert. Anfangs wohnte auch noch die Mutter von Herrn Krause mit in der Wohnung. Ich kann mich dabei nur noch ganz schwach an eine alte Frau erinnern, die oft an der inzwischen abgedeckten Wasserpumpe unter dem Küchenfenster der Krauses auf dem Hof saß. An Hubert dagegen kann ich mich noch gut erinnern, wir spielten des öfteren zusammen, als wir noch kleiner waren. Er war etwa drei Jahre älter als ich, sehr lebhaft und immer zu Streichen aufgelegt. Seine Mutter arbeitete auf dem Kleinwittenberger Postamt und war eine sehr respekteinflößende Person. Da beide Eltern also arbeiteten, war Hubert manchmal unbeaufsichtigt. Daher wurde Fräulein Wute, genannt „Tante Sina“, gegen ein geringes Entgelt mit der undankbaren Aufgabe betraut, vormittags auf Hubert aufzupassen. Fräulein Wute war damals schon eine recht betagte, aber vornehme und zartgliedrige Dame. Die schwierige Aufgabe schien sie regelmäßig zu überfordern und so klagte sie Frau Krause, wenn diese vom Postamt nach Hause kam, ihr Leid mit Hubert. Das führte dann dazu, dass quer über den Hof der langgezogene Ruf „Huuubert“ erscholl, den die gestrenge Frau Krause ausstieß. Wenn Hubert diesen Ruf vernahm, dann liefen seine phänomenalen Segelohren rot an und er trottete gehorsam in die Wohnung. Die Höhe und Art der dann fälligen Bestrafung hing wiederum von Art und Umfang der von ihm begangenen Missetaten ab. Die schwersten Sanktionen waren Schläge mit der Fahrradluftpumpe auf den Hintern, natürlich von Frau Krause in ihrem ersten Zorn verabreicht. Sie schlug nicht doll zu, die Streiche waren ja auch meist harmloserer Natur, so sprang er zum Beispiel mit bis zu den Segelohren grinsenden Mund liebend gern aus dem Küchenfenster, während Tante Sina heftig schimpfend, aber letztendlich machtlos danebenstand. Hubert hatte offenbar mehr Respekt vor seiner Mutter als vor dem Vater, der meist nur dumpf schimpfende Laute ausstieß, aber Hubert nichts tun konnte. Das Ganze war dann auch schnell wieder vergessen und hinterließ bei Hubert keinen nachhaltigen Eindruck.

Ernst Krause, der Vater, arbeitete bei der Tischlerei Hünsch in Kleinwittenberg. Er gehörte, wie auch mein Vater, zu jener Generation, die noch als Soldat das Ende des Zweiten Weltkrieges erleben musste. Etwas älter als mein Vater, war er im Kriege in Karelien eingesetzt und wurde am Kriegsende, ebenso wie meine Mutter, aus seiner Heimat, dem Sudetenland vertrieben. Er war ein stämmiger, mittelgroßer Mann und seinem Sohn Hubert stets wohlgesonnen. Der Eigentümer des Grundstücks Hermann-Kürschner-Straße 8, die Familie Stock, hatten ihn als Hausverwalter eingesetzt und dieses Amt übte er auch mit einer gewissen Strenge aus.

Da Huberts Eltern also, ebenso wie meine, nicht mehr ganz jung waren, als Hubert auf die Welt kam, wurde auch er mit Haarschnitt und Kleidung aus einer scheinbar anderen Epoche versehen. Ich glaube, Huberts Haare wurden von Herrn Krause selbst geschnitten. Deshalb bekam er nach alter Wehrmachtsmanier die Haare eine Koppelbreite über den Ohren abrasiert und den spärlichen Rest entsprechend geschnitten. Heute ist solch ein Aussehen vielleicht sogar wieder modern, es kommt ja alles mal wieder. Damals jedenfalls wollten die jungen Leute wieder möglichst lange Haare haben. Wie ich schon erwähnte, färbte die Beat-Zeit auf alles ab und lange Haare waren gewissermaßen auch eine Weltanschauung. Jedenfalls war Hubert zusammen mit den bereits erwähnten Segelohren und der etwas altertümlichen Kleidung genauso lustig anzuschauen wie ich selbst.

Ich war gern mit Hubert in der Wohnung der Krauses, vor allem natürlich, wenn dessen Eltern und Tante Sina mal nicht da waren. Hubert hatte als Einzelkind viel Spielzeug, so unter anderem auch einen Chemiebaukasten. Damit konnten recht interessante Dinge gemacht werden. So bestand die Möglichkeit, ein kleines Bildchen in durchsichtigen Kunststoff einzugießen und vieles mehr. Solch einen Baukasten hätte ich natürlich auch selbst gern besessen. Auf dem Fensterbrett der Küche standen auch immer viele recht alt aussehende Gegenstände, die mein Interesse weckten. Ich erinnere mich dabei noch an ein Schusterdreibein, alte Bügeleisen, die noch auf dem Ofen erwärmt werden mussten und dergleichen mehr.

In Huberts Zimmer stand oft ein verführerisch duftender Rührkuchen auf dem kleinen, natürlich kalten Zimmerofen. War der Kuchen schon angeschnitten, konnte die köstlich aussehende Kakaoschicht im Inneren betrachtet werden. Mir lief bei diesem Anblick regelmäßig das Wasser im Mund zusammen. Frau Krause benutzte zum Backen immer noch die hohe, alte Steinform von brauner Farbe. Sie kochte und backte gut und Herr Krause wollte sonntags immer ein selbstgebackenes Stück Kuchen essen. Die Familie besaß auch schon ein eigenes kleines Badezimmer in der eigenen Wohnung, welches Herr Krause selbst eingebaut hatte. Viele Familien verfügten in dieser Zeit noch nicht über diesen „Luxus“ und so freute sich Martina stets, wenn sie mal bei Krauses baden konnte.

Natürlich nutzten Hubert und ich auch die Zeit für allerlei Streiche. So dachten wir, es wäre auch mal wieder längst Zeit, eine sogenannte „Stinkbombe“ zu bauen. Zu diesem edlen Zwecke umwickelten wir eine lange Wunderkerze dick mit Heftumschlägen und zündeten sie an. Das heftig qualmende und wirklich infernalisch stinkende Gebilde warf Hubert nun mit gekonntem Schwung auf das äußere Küchenfensterbrett der Familie Hanisch im Obergeschoss. Über mögliche Folgen machten wir uns natürlich keine Gedanken. Wir waren einfach nur begeistert über den Effekt und unsere vermeintliche Geschicklichkeit. Zufrieden mit unserem Werk trotteten wir nun wieder in Huberts Behausung und versteckten uns aus Sicherheitsgründen unter einem Tisch. Da klingelte es auch schon und Hubert öffnete ebenso einfältig wie pflichtbewusst die Wohnungstür. Draußen stand mit hochrotem Kopf Herr Hanisch und verabreichte Hubert wortlos links und rechts zwei heftige Ohrfeigen. Nach Empfang derselben schloss Hubert die Tür wieder und nur noch seine hochroten Ohren und Wangen zeugten von dem Vorgang.

Weil wir alle gern auf den Schuppendächern im Hof herumkletterten, hatte Herr Hanisch sein Schuppendach mit einem besonderen Schutz ver sehen. Sehr kinderfreundlich hatte er zu diesem Zweck mit nach oben stehenden Nägeln ausgestattete Leisten an den Dachkanten befestigt. Unter Verwendung eines großen Hammers schlug Hubert nun diese Nägel um und leistete damit einen wichtigen Beitrag zum Arbeitsschutz beim Klettern. Diese Arbeit schien ihm großes Vergnügen zu bereiten, denn dieses Mal glühten seine Ohren vor Freude und seine Mundwinkel hatten die Höhe derselbigen erreicht. Hubert verrichtete zwar ein gutes Werk, aber nicht alle sahen das so und abends trat wieder die Luftpumpe in Aktion. Das war Hubert, einer meiner Hofmitstreiter in jener Zeit.

Anzufügen ist vielleicht noch, dass Krauses nicht viel Besuch bekamen. Nur selten erschienen am Wochenende, meist in dunkle Kleider gehüllte Leute zu Besuch, die uns damals uralt erschienen, aber wahrscheinlich noch gar nicht so alt waren. Sie wirkten stets etwas düster und ich denke, es waren alte Bekannte aus der Heimat.

Ich muss auch noch das Hausverbot auf Lebenszeit erwähnen, welches Herr Krause in seiner Eigenschaft als Hausverwalter gegen meinen Cousin Dietmar aussprach. Dieser hatte sich nämlich der schrecklichen Untat schuldig gemacht, einen Pfirsich vom halbwilden Obstbaum vor dem Küchenfenster der Familie Hein zu entwenden. Strafverschärfend wirkte sich ohne Zweifel aus, dass es sich auch noch um das einzige Exemplar am Baum handelte. Die zur Entlastung vorgebrachte Aussage über das Vorhandensein eines Käfers (sogen. „Ohrenkneiper“) im Diebesgut wurde leider nicht entsprechend gewürdigt, aber das Hausverbot stillschweigend später wieder aufgehoben.

Gegenüber von Familie Krause wohnte unten links die Familie Hein. Vater Richard, Mutter Maria und die beiden Kinder Martina und Frank. Vater Richard war kein ganz einfacher Mensch und arbeitete schwer im Eisenwerk. Mutter Maria war im „VEB Wittol“ beschäftigt und hatte daher auch tolle Zierkerzen in der Wohnung, die ich sehr bewunderte. Anfangs war in der ohnehin schon recht kleinen Dreiraumwohnung noch ein Zimmer abgetrennt. Darin wohnte Fräulein Trommer, eine alleinstehende, ältere Frau. Über ein Bad verfügte die Wohnung nicht und die Toilette befand sich neben der Waschküche, konnte also nur über den Hof erreicht werden. Alles in allem sehr beengte Verhältnisse also, aber damals wurde dies vielleicht als noch nicht so schlimm empfunden. Herr Hein war zu jener Zeit, auch gerade, nachdem Frank geboren wurde, noch umgänglicher. Er verfügte über ein Tonbandgerät der Marke „Smaragd“, damals noch eine Seltenheit. Damit speicherte er auch Frankis und meine Stimme, als wir noch gar nicht richtig sprechen konnten. Auch das Weihnachtslied „O Tannenbaum“, von mir gar grässlich intoniert, befand sich auf den Bändern. Ich konnte auch das Wort „schwarz“ nicht richtig aussprechen und sagte immer „schraz“. Das amüsierte Herrn Hein und wurde zusammen mit Frankis stimmlichen Leistungen verewigt. Mich begrüßte er immer mit den Worten: „Na, alter Haudegen“, was mich Zwerg immer irgendwie erfreute. An materiellen Dingen bekam Frank so ziemlich alles, was erhältlich war, Martina übrigens auch. Eines Tages stand in der Weihnachtszeit eine wunderschöne Modellbahnanlage der Spurweite „TT“ für Franki bereit. Damit spielten wir häufig, aber leider hatten alle Modellbahner in den beengten Wohnungen bald ein Platzproblem.

Franki, gerade zwei Jahre jünger als ich, verunglückte kurz nach seinem 18. Geburtstag tödlich bei einem Motorradunfall. Ein schwerer Schock für seine Familie und für uns. Niemals werde ich meinen alten Spielgefährten vergessen. Auch schon vorher begann sich das Gemüt des Herrn Hein zu verdüstern und wenn er mit seinen schweren Holzpantinen über den Hof schlurfte, um Toilette oder Schuppen aufzusuchen, dann empfand man schon mehr als Respekt. Mein Vater kam gut mit ihm zurecht, waren doch beide eine Zeit lang in Zörnigall aufgewachsen, bevor sich ihre Wege, auch durch den Krieg, für viele Jahre trennten. Mein Vater erzählte oft, dass Vater Richard früher ganz anders war, ebenso lebhaft wie später sein Sohn Frank. Jetzt war jedenfalls mit ihm nicht gut Kirschen essen und das bekam eines Tages Familie Hanisch zu spüren. Diese hatte über das Wochenende den Wasserhahn in der Küche nicht richtig abgestellt. Irgendetwas lief über und es kam zu einer formidablen Überschwemmung. Den Gesetzen der Schwerkraft folgend, lief das Wasser nun durch den Boden in die darunter liegende Wohnung der Heins. Es war Ostern und kurz zuvor hatte Vater Richard auch noch renoviert. Nach kurzer Zeit stand das Wasser jedenfalls knöchelhoch in Heins Küche. Familie Hanisch war auch gerade eingetroffen und hatte sich angesichts des Schreckens, wahrscheinlich aber noch eher aus Angst vor Richard Hein, in ihrer Wohnung verschanzt. Niemand konnte die Hanisch-Familie so richtig leiden und so warteten alle Hausbewohner voller Vorfreude auf den kommenden Showdown. Es dauerte auch nicht lange und schwere Holzpantinen waren auf der Holztreppe zur Wohnung der Hanischs zu hören. Richard Hein machte sich gar nicht erst die Mühe, die Klingel zu benutzen, sondern brüllte nur, vor der Tür angekommen, mit dröhnender Stimme: „Komm raus!“

Das ganze Haus schien zu wackeln und Richards Gesichtsausdruck war einfach nur furchterregend. Das fand wahrscheinlich auch Herr Hanisch, der sowieso der Mutigsten einer nicht war. Die Tür öffnete sich nur einen Spalt und es erschienen scheinbar übereinanderstehend zwei Köpfe. Herr Hanisch, der sich hinter seiner Frau versteckte, rief nur immer mit ersterbender Stimme: „Rühren Sie mich nicht an, rühren Sie mich nicht an!“

Kurze Zeit später wischte und schöpfte Frau Hanisch in der Wohnung der Heins mit hochrotem Kopf. Alle Hausbewohner liefen nun, natürlich ganz zufällig, an der offenstehenden Küchentür vorbei und konnten so Frau Hanisch bei ihrer nicht enden wollenden Tätigkeit beobachten. Das Mitleid mit ihr hielt sich in engen Grenzen, denn Familie Hanisch war wegen ihrer Arroganz und speziell Frau Hanischs Tratschsucht im Haus nicht wohlgelitten. Der Konflikt reichte eigentlich noch weiter zurück und ließ sich an zwei Ereignissen festmachen. Eines schönen Frühlingstages nämlich konnte Hubert Krause seinen sportlichen Ambitionen wieder einmal nicht standhalten und turnte auf dem Garagendach der Hanischs herum. Davon überaus begeistert, leistete er den Aufforderungen des Herrn Hanisch, sofort vom Dach zu kommen, erstmal keine Folge. Darauf wurde ihm von Herrn Hanisch eine leichte Züchtigung mit Hilfe einer langen Latte zuteil. Hubert, den die Latte mit nur geringer Wucht am Hintern traf, fing herzerweichend zu schreien an und Herr Hanisch hatte eine Anzeige mit anschließender Gerichtsverhandlung am Hals. Meine Mutter, die sich leider noch nie heraushalten konnte, rief auch noch „Ich habe es auch gesehen, Frau Krause, ich habe es auch gesehen!“ und wurde prompt als Zeugin geladen. Das Ganze endete, glaube ich, mit einer geringen Geldstrafe für Herrn Hanisch, dem Frieden im Haus war es natürlich nicht sehr dienlich. Das andere Ereignis war auf den festen Glauben der meisten Hausbewohner zurückzuführen, sie hätten im Gegensatz zu den anderen Mietern zu wenig Kellerräume und Schuppen. Also erschien eines Tages eine Kommission und teilte neu auf. Dabei kamen einige der Kläger schlechter weg als vorher. Herrn Hein wurde zum Beispiel ein Schuppen der Familie Hanisch zugesprochen. Dieser wollte den Schuppen aber nicht hergeben und ließ sein Schloss einfach hängen. Darauf entfernte Herr Hein durch Einsatz eines riesigen Bolzenschneiders das Schloss und hängte sein eigenes vor die Tür.

Herr Hanisch ließ sich natürlich nicht lumpen und da ihm jetzt klar war, wie erfolgreich der Einsatz eines Bolzenschneiders sein kann, tat er dasselbe wie Herr Hein. So ging es eine ganze Zeit lang in munterer Folge weiter, bis dann mal die Schlösser ausgingen. Die Rache der Hanischs wurde subtiler. Familie Hein hatte damals noch ein einfaches, selbstgeschriebenes Namensschild aus Pappe an der Tür. Irgendjemand fügte dem Namen „Richard Hein“ in regelmäßigen Abständen noch ein „i“ hinzu, sodass die Neuschöpfung „Richard Heini“ entstand. Böse Zungen behaupteten, Frau Hanisch habe unter Verwendung eines ordinären Kugelschreibers die ruchlose Tat vollbracht.

Das Wort „ordinär“ erinnert mich an eine weitere Episode mit Frau Hanisch, die als Sparkassenangestellte sonst immer besonders fein tat. Meine Schwester stand mit ihrem Tanzstundenpartner und ein paar Freunden abends auf dem Hof. Es waren sehr anständige und feine Kerle und ich erinnere mich gern an Lothar und die anderen. Einige rauchten eine Zigarette, was die vorübergehende Frau Hanisch zu dem vielleicht medizinisch wichtigen Rat veranlasste, sie sollten sich „lieber einen Finger in den Arsch stecken, statt zu rauchen“. Ich glaube aber nicht, dass die Angesprochenen diesem Rat folgten.

Familie Hanisch hatte eine Tochter. Ihr Name war Angela und sie war im gleichen Alter wie Hubert Krause. Sie hatte lange, blonde Haare, Sommersprossen und sah immer irgendwie genervt aus. Natürlich wurde sie von ihren Eltern zu gleicher Überheblichkeit erzogen und in dem Glauben gelassen, alle anderen im Haus taugten nichts und wären nur Pöbel. Sie durfte weder mit uns sprechen noch spielen und sah oft sehnsüchtig, so schien es mir jedenfalls, zu den anderen Kindern auf dem Hof. Bei uns war ja immer irgendetwas los und irgendwie konnte sie einem leidtun. Sie wuchs zu einem recht gut aussehenden Mädchen heran und ein paar von meinen Kumpels hatten sich später schwer verguckt in sie, aber davon berichte ich im zweiten Teil des Buches.

Gegenüber der Hanischs wohnte meine Familie. Dann gab es noch zwei kümmerliche Dachmansarden und in einer wohnte die alte Frau Bleich mit ihrer schon erwähnten Enkeltochter Veronika, die etwa im gleichen Alter wie meine Schwester war. Manchmal bevölkerten auch noch ein paar von Veronikas Geschwistern die kleine Mansarde und den Hof. Das einzig schöne an der Mansarde war der ungehinderte Blick auf die Elbe und den Hafen. Ansonsten mangelte es an allem. Es war weder fliesend Wasser noch eine Toilette und erst recht kein Bad vorhanden. Heute unvorstellbar und doch wohnten die beiden dort viele Jahre. Natürlich war auch nicht viel Geld da und es ging sehr sparsam zu. Veronika brachte manchmal ein aufgeschlagenes faules Ei wieder zum Umtausch zurück in den Konsum und schämte sich als Jugendliche natürlich. Aber anders ging es nicht. Wohlhabend war damals keiner von uns und das war uns auch nicht wirklich wichtig. Vielleicht auch weil es bei Veronika so ärmlich zuging, lästerte sie recht gern. Am liebsten natürlich über mich und meine zugegebenermaßen auch für damalige Verhältnisse recht seltsame Kleidung. Angezogen wurde ich nämlich von meiner Großmutter und die hatte nun für Modisches gar keinen Sinn. Es musste nur alles sauber sein und lange getragen werden können. Das waren ihre wichtigsten Kriterien. Bei der Firma Wassersleben in der heutigen Pfaffengasse, wurde jedem Jungen mal eine kurze Lederhose verpasst, die gar nicht mal billig war. Damals wurde man nicht gefragt und die Lederhose gleich zwei Nummern größer gekauft, um das gute Stück auch ja recht lange tragen zu können. Da stand ich nun mit meinem neuen, gar lustigen Beinkleid. Aus dem schrecklichen Kleidungsstück kamen zwei erschreckend dünne Beine (auch „fünfer Rundeisen" genannt") durch die riesig erscheinenden Beinöffnungen und das Ganze wurde nur durch die mit der Hose verbundenen ledernen Träger gehalten. Wenn ich beim Laufen plötzlich innehielt, schwang die schwere Hose durch ihr Beharrungsvermögen wie eine riesige Glocke hin und her. Die beiden Träger der „Glocke" waren mit einem ledernen Querband verbunden, welches überflüssigerweise auch noch mit einem Edelweiß verziert war. Darunter befand sich ein mit einem Reißverschluss versehenes Täschchen, in dem ich meine „erheblichen" Geldbeträge aufbewahren konnte. Es gab auch noch allerlei Zubehör, wie einen kleinen Kompass und einen Miniatur-Hirschfänger. Wahrscheinlich sollte man so für ein Leben in der Wildnis gerüstet sein, aber alle Feinde wären bei diesem Anblick wahrscheinlich wegen Lachens oder aus Schreck zusammengebrochen. Passend zu dem geschilderten Kleidungsstück trug ich meist einen vor allen Dingen an den Ellenbogen sauber und mehrfach gestopften Pullover und gar seltsame Schnallenschuhe. Manchmal wurde die Lederhose auch durch ein anderes kurzes Beinkleid ersetzt, unter dem dann noch mit Strumpfhaltern befestigte, lange Wollstrümpfe getragen wurden. Zusammen mit den geschilderten Haarschnitten muss ich dann schon einigermaßen grotesk ausgesehen haben, aber damals liefen viele so herum. Wenn ich dann voller Stolz auf den Hof kam, zeigte Veronika mit dem Finger auf mich und rief: „Guckt mal, wie der aussieht!“ Und alle lachten. Weinend lief ich hoch zu meiner Großmutter und diese schimpfte in ihrer sudetendeutschen Art furchtbar auf die „bleeden Gatschen und Pfuuten“. Sie konnte das nicht verstehen und meinte immer nur, ich sei doch „a schiener Gung“ (ein schöner Junge).

Die Traurigkeit hielt aber nicht lange vor, denn vormittags musste Veronika immer die Hinterlassenschaften der Nacht über den Hof zur Toilette bringen. Jetzt riefen alle Kinder: „Seht mal, Veronika mit dem Scheißeeimer!“ Und diesmal war Veronika das „Opfer“.

Sie war übrigens sehr mutig und in vielen Dingen wie ein Junge. Zusammen mit Dietmar und einigen anderen trieb sie auf einer Luftmatratze am Wiesenhof mitten auf der Elbe. Einer der vielen Tschechendampfer erzeugte einen gewaltigen Wellenschlag. Dabei fiel Dietmar, der nicht schwimmen konnte, von der Luftmatratze in die Elbe. Dabei wäre er fast ertrunken, wenn ihn Veronika nicht gerettet hätte. Sie schwamm auch zusammen mit meiner Schwester Medy in Kleinwittenberg über die Elbe. Obwohl für jeden echten Kleinwittenberger obligatorisch, ist dies gar nicht so leicht, wie es scheint, schon allein wegen der Strömung.

Medy bekam dann auch Probleme, weil Veronika nach Erreichen des gegenüberliegenden Ufers gleich wieder zurückschwamm, aber eben viel kräftiger war als Medy. Wir waren lange noch befreundet und erzählten uns gern diese Geschichten, aber unlängst verstarb unsere alte Freundin. Wir werden sie nie vergessen!

Alle diese Menschen bevölkerten über viele Jahre das Haus. Für uns Kinder war es eine wunderschöne Zeit. Immer war irgendetwas los, zumal auch zahlreiche Freundinnen und Freunde sowie auch Kinder und Jugendliche aus der Nachbarschaft oft bei uns waren. Die unterschiedlichen Altersklassen sorgten dafür, dass die Kleineren immer jemanden hatten, zu dem sie aufblicken und dem sie nacheifern konnten, und sei es auch nur beim Rauchen. (Ich höre schon die Nichtraucher stöhnen!). Zugleich half der in sich abgeschlossene Hof unseren Eltern dabei, eine gewisse Kontrolle über uns zu haben, jedenfalls solange wir noch kleiner waren. Wenn es im Hof verdächtig ruhig wurde, dann war das immer ein untrügliches Zeichen für das Aushecken irgendwelcher Streiche und manchmal gelang es den Erwachsenen dann (leider), noch rechtzeitig zu intervenieren.

Jede Jahreszeit hatte ihre eigenen Reize. Auf dem Hof und auch davor wuchsen mehrere prächtige, alte Birnbäume und auch ein alter Apfelbaum mit leider ungenießbaren Früchten. Wenn im Frühjahr die Bäume blühten und der Rasen auf dem Hof saftig grün wurde, dann hielt uns nichts mehr drin. Oft wurden aus Decken Zelte gebaut, in denen es dann auch schnell verdächtig ruhig werden konnte. Wir versteckten gemeinsam Ostereier, gruben kleine Löcher für Murmelspiele und die Großen holten ihre Federballschläger aus dem Winterschlaf. Sie spielten vor dem Hoftor in der Kürschnerstraße ewige Turniere, meist noch als „England gegen Spanien“ oder ähnlich deklariert. Dietmars kleines Kofferradio stand draußen auf der Steintreppe vor dem stets verschlossenen Hauseingang und die Hits der Sechziger gaben den Rhythmus an. Von der Elbe her wehte ein laues Lüftchen und vermischte sich mit dem angenehmen Räucherduft der Fleischerei.

Im Sommer liefen die Jungs oft mit den berüchtigten „Dreieckbadehosen“ umher. Diese waren aus primitivstem Stoff gefertigt und wurden an der Seite mit zwei einfachen Bettwäscheknöpfen zusammengehalten. Sie zeigten mehr, als sie verhüllten, und es war stets darauf zu achten, sie nicht ganz zu verlieren. Auch die Farbauswahl war eng begrenzt. Nun wurde nur noch ein tüchtiges „Werkzeug“ zum Wasser spritzen benötigt. Mangels Alternativen benutzten wir dazu meist eine leere Plasteflasche, welche ursprünglich Flüssigbohnerwachs enthielt und über eine abnehmbare Kappe verfügte. Da sich oft noch Reste des Bohnerwachses in der quietschegelben Flasche befanden, hatte man nach mehreren „Treffern“ einen intensiven Bohnerwachsgeruch am Körper. Der war an sich zwar nicht unangenehm, aber nur schwer zu beseitigen. Außerdem wollten auch nicht alle so riechen, als ob sie auf der Treppe schliefen.

Meinem Cousin Dietmar gelang wiedermal ein Durchbruch. Er hatte das ungeheure Glück, eine richtige Spritzpistole erstehen zu können. Diese war grün (Ich sehe sie noch vor mir!) und wurde im sogenannten „Russenmagazin“ verkauft, aber auch da nur selten. Hinter der Bezeichnung verbarg sich eine Verkaufseinrichtung der damaligen sowjetischen Armee. Sie befand sich in der Lutherstraße und manchmal gab es dort Dinge, die woanders schwer oder gar nicht zu bekommen waren. Ich erinnere mich an Schaschlik, Erdnussflips, Butterfisch als Konserve in edlen, schwarzen Dosen mit Goldaufschrift, Konfekt und vieles mehr. Auch manches kleine Möbelstück wurde hier angeboten. Leider musste man oft auf sogenannte Kompensationsgeschäfte eingehen, das heißt, dass zu einer begehrten Ware noch eine weniger begehrte dazugekauft werden musste, z.B. Worchestersauce. Es war auch ratsam, allgemein ein wenig aufzupassen. Ein Bekannter kaufte beispielsweise einen prächtigen, handgewebten Teppich im „Magazin". Der Teppich war beim Kauf nur teilweise aufgerollt und der erste halbe Meter zeigte ein wunderschönes Rot mit Mustern. Nur befand sich in der Mitte ein überdimensionaler Lenin-Kopf, was erst zu Hause beim Ausrollen festgestellt wurde. Die politischen Überzeugungen des Bekannten waren leider noch nicht so gefestigt, um das Prunkstück liegenzulassen, aber Umtauschen ging leider auch nicht mehr. Aber zurück zur Spritzpistole! Mit dem Erwerb derselben hatte Dietmar die absolute Führungsrolle inne und wir beneideten ihn glühend. Das Wasser für unsere Schlachten holten wir uns von der Pumpe an der Elbe. Diese Handpumpe, die sich schräg gegenüber vom „Goldenen Anker" befand, durfte eigentlich nur von den Elbeschiffern benutzt werden. Ich sehe heute noch die Schiffer in ihren Holzpantinen die Eimer füllen, wenn die Schiffe in Kleinwittenberg zum Feierabend vor Anker lagen. Ein vom Bürgermeister in Auftrag gegebenes Schild mit der Überschrift „Trinkwasserentnahmestelle nur für die Schifffahrt“ ignorierten wir geflissentlich, ebenso die angedrohten Strafen bei Zuwiderhandlungen.

Der Sommer hatte auch sonst viele Vorteile. Wir durften länger draußen bleiben und die „Großen“ hatten ihre ersten Rendezvous auf dem Hof. Wir gingen auch oft die wenigen Meter hinunter zu den Elbwiesen, flochten dort Blumenkränze und die Älteren von uns dachten an Scott McKenzies Hymne „San Francisco – Some Flowers in your Hair“. Mit einer „Casino“ im Mundwinkel und der Sonne im Gesicht konnte man dann so richtig schön träumen! Die Kleineren versuchten eher, sich andere Träume zu erfüllen, und stopften die am Elbufer wachsenden Wildbirnen und den ebenfalls wildwachsenden Sauerampfer in sich hinein. Nachdem anschließend noch an der erwähnten Pumpe der Durst gestillt wurde, entstand oft eine offenbar kritische Masse im Magen, die sich dann explosionsartig entladen konnte. Trotzdem taten wir es immer wieder!

Prägendes Erlebnis im Herbst war immer die Anlieferung der Speisekartoffeln. Diese gab es nicht wie heute, säuberlich abgepackt und das ganze Jahr über, zu kaufen, sondern sie mussten rechtzeitig bestellt werden und wurden dann im Herbst angeliefert. Jede Familie bestellte gleich mehrere Zentner (Müllers bis zu 11 Zentner!), denn es musste ja das ganze Jahr über reichen. So lagen dann mehrere große Kartoffelhaufen auf dem Hof und mussten ausgelesen werden, da nicht alle der begehrten Knollen in Ordnung waren. Zu dieser manchmal etwas trübseligen Arbeit wurden alle Familienmitglieder verdonnert. Anschließend musste alles noch mit Hilfe von Eimern und Kiepen in den Keller transportiert werden. Dort hatte mein Vater in guter, alter Tischlermanier einen Verschlag gebaut und hier lagerten nun die zahlreichen Erdäpfel. Da die Menge nicht so schnell verbraucht wurde, bildeten sich recht schnell oft ellenlange Kartoffelkeime. Ebenso schnell begannen auch die untersten Schichten der Kartoffeln unter infernalischer Gestanksbildung zu faulen. Mein Vater hatte dann das zweifelhafte Vergnügen, die halb verfaulten Kartoffeln auszulesen und den Rest mit damals bekannten Pulver „Keimstop“ einzustäuben. Dieses damals in kegelförmigen Pappdosen vertriebene Spezialpulver zur Verhinderung des Keimens von Kartoffeln wäre heute sicherlich verboten und als Massenvernichtungswaffe deklariert, aber damals nahm man es noch nicht so genau. Die behandelten Kartoffeln mussten dann alsbald verbraucht werden, aber nach längerer Lagerzeit und den eben geschilderten drastischen Maßnahmen, war der Geschmack natürlich nicht mehr so edel. Es gab dann schon manchmal frische Kartoffeln zu kaufen, die wir Jüngeren lieber verspeist hätten, aber dieser Wunsch wurde mit Hinweis auf die scheinbar unendlichen Vorräte im Keller stets ignoriert. Sehr gestört hat es uns dann aber auch wiederum nicht, denn meine Großmutter verstand es, selbst aus den einfachsten Zutaten noch etwas Schmackhaftes zu kochen oder zu braten. So gab es dann sehr oft die schmackhaften „Ardäppel-Bezeln“ (Kartoffelpuffer).

Mit dem typischen Geruch der noch frischen Kartoffeln auf dem Hof und der Freude über die Herbstferien, dem bunten Laub der Bäume auf dem Hof und vielen anderen Eindrücken bleibt diese Jahreszeit in meiner Erinnerung.

Und dann kam der Winter und selbst diesen fanden wir schön. An der Elbe gab es damals noch zwei nicht allzu steile Rodelhänge, die wir mit unseren uralten Schlitten eifrig benutzten. Diese hatten wir zuvor aus Keller und

Schuppen geholt und die Kufen heftig mit Wachskerzen bearbeitet. Angesichts des Gewichts der Schlitten und der zahlreichen Ausbesserungen, sorgte diese Maßnahme zwar nicht wirklich für eine Verbesserung der „Laufeigenschaften“, vermittelte aber zumindest die Illusion davon. Unser größter Wunsch wäre ein moderner Rodelschlitten mit abgerundetem Vorderteil gewesen. Dieser war sehr schwer zu bekommen, aber einige hatten schon so ein Teil. Wir natürlich nicht und unsere Eltern meinten einfach, die alten Schlitten täten es ja schließlich auch. Mein Cousin Dietmar verfügte immerhin über ein Paar Ski, die aber wahrscheinlich schon den letzten Weltkrieg erlebt hatten. Ihm fehlten sowohl die elementarsten Kenntnisse über deren Gebrauch sowie auch die dazugehörigen Skistöcker. Dafür posierte er aber gern mit dieser „Profiausrüstung“ auf Fotografien. Ziemlich unpassend mit ultramodernen Jacket und Schlaghosen bekleidet, ließ er sich mit Hilfe der famosen „Pouva-Start“-Kamera auf winzigen Bildern ablichten, die heute noch existieren. Die Eingebung dazu hatte er wahrscheinlich aus dem Beatles-Film „A Hard Day‘s Night“, in denen die vier Jungs aus Liverpool in ähnlichen Szenen zu sehen waren. Einziges Zugeständnis an den aktuellen Skisport war eine winzige Zipfelmütze, die oberhalb seiner Ohren thronte. Unserer Bewunderung konnte er natürlich wieder einmal sicher sein. Wir Übrigen trugen die übliche Standardkleidung, das heißt, dicke, meist grüne Trainingsanzüge mit kurzen Reißverschlüssen im Knöchelbereich. Der Stoff war nicht sehr elastisch und so beulten sich die Anzüge besonders im Kniebereich schnell aus. Der gesamte Anzug verlor überhaupt rasant seine Form und ähnelte alsbald einem leeren

Kartoffelsack. Auch die an verschiedenen Stellen säuberlich ausgeführten Stopfarbeiten trugen nicht gerade zur Verbesserung des Gesamteindruckes bei. Meine Schwester Medy trug zu allem Überfluss noch eine aus dicker Wolle gefertigte Strickmütze, auch „Kosmonautenmütze“ genannt, auf ihrem Kopf. Dieses seltsame Kleidungsstück umschloss fast den ganzen Schädel und wurde unter dem Kinn zugeknöpft. Da die Mütze zu groß war, wurden zu Ausgleichszwecken eine Reihe von Plastiktüten in die Mütze gelegt. So sahen wir zwar alle ziemlich merkwürdig aus, aber das fiel nicht sonderlich auf, weil ja alle so rumliefen. Niemand störte sich an solchen Dingen und riesigen Spaß hatten wir außerdem. Alles andere war uns einfach nicht wichtig genug.

Nach dem Rodeln saßen wir oft in der Wohnstube meiner Eltern. Dort saßen wir dann mit dem Rücken an den kuschelig warmen Kachelofen und sahen uns die Kindersendungen „Meister Nadelöhr“ oder „Professor Flimmrich“ auf dem kleinen Schwarz-Weiß-Fernseher an. Es war übrigens gar nicht so einfach, einen Kachelofen richtig in Gang zu bringen. Bei uns wurde zum Anheizen frische Glut, also durchgeglühte Kohle aus dem Küchenofen, durch die halbe Wohnung bis zum Kachelofen getragen. Ich wage gar nicht daran zu denken, was passiert wäre, wenn nur etwas davon die kleine Blechschaufel verlassen hätte, auf der es lag. Überlegungen zum Brandschutz schienen jedenfalls noch keine allzu große Rolle zu spielen. Wenn die Glut also glücklich im Kachelofen gelandet war, musste eine bestimmte Menge Briketts darauf verteilt werden. Erst wenn alles ordentlich durchgebrannt war, durften die Türen verschlossen werden und der Ofen konnte nun seine wunderbare Wärme abgeben. Ich glaube immer noch, dass keine Heizung der Welt dieses Wohlgefühl ersetzen kann, welches wir dabei empfanden. Wenn es dann auch noch von meiner Mutter gebackenen Rührkuchen (Gugelhupf) und sogar noch eine Tasse des seltenen Kakaos (meist von „Bensdorp“ aus einem der noch selteneren Westpakete) gab, waren wir selig.

Im Hof bauten wir vor dem Küchenfenster der Familie Hein einen riesigen Schneemann und legten sogar eine kleine Eisbahn an, die Herr Krause aber sofort heftig schimpfend unter Verwendung von Asche wieder abstumpfte. Er war ja schließlich Hausverwalter und musste dafür sorgen, dass niemand ausrutschte. Wir brachen riesige Eiszapfen von den Schuppendachrinnen und lutschten inständig daran. Das rief natürlich meine Großmutter auf den Plan, die uns warnte, weil man davon Typhus bekäme. Die alten Leute hatten eben allerlei erlebt und waren vorsichtig. Es gab jedenfalls keine Seuchenausbrüche und so kam mit dem Weihnachtsfest der Höhepunkt des Winters heran. Es war schon ein großes Problem, einen ansehnlichen Weihnachtsbaum zu bekommen. Aus dieser Tatsache resultierte auch ein höchst subversiver und staatsgefährdender Reim in der typischen Piesteritzer Mundart: „Auf den Straßen große Löcher, in den Geschäften leere Fächer, zu Weihnachten keen Boom, Silvester keen Strom-Erich, was soll‘n wir dir noch gloom?“

Nun ja, der DDR-Bürger wusste sich zu helfen und so wurde aus zwei seltsam anmutenden Krüppelkiefern ein einigermaßen ansehnlicher Weihnachtsbaum gebastelt. Mein Vater war da sehr schöpferisch und es gelang ihm immer, durch das „Einbohren“ von Zweigen, ein symmetrisches Ergebnis zu erzielen. Der Baum wurde dann mit sehr schönen, alten Kugeln geschmückt, auch mit wunderschönen Pilzen und Vögeln aus Glas. Von dieser Herrlichkeit ging leider einiges zu Bruch, als mein Bruder Harry nach einem seiner „Anker“-Besuche den Baum versehentlich umwarf. Daran konnte er sich am nächsten Morgen natürlich nicht erinnern, aber seine in der Wohnung verteilten und am Vorabend „abgeworfenen“ Kleidungsstücke verrieten ihn. Die Rettung war hierbei auch wieder einmal die Drogerie Böhme. Weil sich die Drogerie im Haus meiner Tante Hanni befand und wir daher auch die Inhaber gut kannten, gelang es Medy, einige der raren Weihnachtsbaumkugeln von den Böhmes zu erwerben, die auch im Haus wohnten. Um ähnliche Zwischenfälle in Zukunft zu vermeiden, wurde der Baum von meinem Vater konsequent jedes Jahr festgebunden. Die Geschenke waren natürlich längst nicht so groß wie vielleicht heute und trotzdem waren wir schon Tage vorher aufgeregt und freuten uns auf und über alles. Das begann schon mit dem Weihnachtsessen. Aus ihrer alten Heimat, dem Sudetenland, hatten Mutter und Großmutter bestimmte Traditionen mitgebracht. So gab es am Weihnachtsabend immer mehrere Speisen. Die Vorspeise bestand immer aus in Milch eingebrockten Semmeln. Anschließend gab es selbst gemachten Kartoffelsalat (mit und ohne Hering) und Fischfilet oder Bratwürstchen. Als Nachspeise dienten gekochte Backpflaumen. Ganz wichtig war es auch, unter jeden Teller ein Geldstück zu legen und sich damit Glück und Geld für das neue Jahr zu wünschen. Aus heutiger Sicht betrachtet, scheint das Essen nicht allzu reichlich gewesen zu sein, aber wir genossen es und wurden satt. Es gab noch nicht den Überfluss von heute. Wir hungerten beileibe nicht, aber die Speisen der Weihnachtszeit gab es nicht jede Woche und so war dies für uns etwas Besonderes und wir freuten uns darauf. Ich finde es auch irgendwie inflationär, wenn in heutiger Zeit schon im September Pfefferkuchen und Stollen angeboten werden. Kurze Zeit später wird man schon überall mit Weihnachtsmusik traktiert und zum Weihnachtsfest selbst haben viele Menschen es dann schon gründlich satt. Es kommt eben nicht mehr auf die Stimmung, auf das Besinnliche, sondern nur noch auf das Geld an.

In den von mir geschilderten Zeiten begann alles erst zur Adventszeit und das war gut so. Allerdings war es auch nicht ganz einfach, beispielsweise Fisch oder später auch Backpflaumen zu bekommen. Die Zutaten für die vier riesigen, immer um die Weihnachtszeit selbstgefertigten und köstlich schmeckenden Stollen mussten das ganze Jahr über gesammelt werden. In einem Tontopf, welcher im Schrank (sudetendt. „Olmett“) der Speisekammer (sudetendt. „Speis“) stand, lagerte meine Großmutter die notwendigen und erlesenen Zutaten, wie etwa Rosinen, Zitronat/Orangat und Mandeln. Auch die bewussten Backpflaumen waren hier zu finden und waren so manchem unerlaubten Zugriff unsererseits ausgesetzt. Als Geschenk gab es oft Kleidung, leider auch die berüchtigten, bereits erwähnten Trainingsanzüge. Aber auch Spielzeug fand den Weg unter den Weihnachtsbaum und das war gar nicht mal schlecht. Mein Cousin Dietmar wurde stolzer Besitzer eines Steinbaukastens der Firma „Anker“. Das war ein wunderbares Spielzeug und später einfach nicht mehr zu bekommen, wahrscheinlich deshalb, weil gerade die Verstaatlichung vieler kleiner Privatfirmen begann. Meine Schwester Medy hatte weniger Glück. Sie wünschte sich, mädchentypisch, so sehr eine Puppe, wie andere Mädels im Haus sie schon hatten. Ihr Wunsch wurde auch erhört, nur leider schien sie zu ihrem Entsetzen die hässlichste Puppe der Welt, ja vielleicht sogar des ganzen Universums, bekommen zu haben. Dazu passend gab es aber immerhin noch einen ziemlich windschiefen und ebenso hässlichen Puppenwagen, bei dem mindestens ein Rad aufgrund seiner Schiefstellung ständig schliff. Ihre Enttäuschung war verständlicherweise groß, zumal sie dann auch noch ständig gefragt wurde, ob sie sich denn auch gebührend freue. Mutter und Großmutter hatten einfach kein Händchen für solche Dinge und betrachteten Spielzeug auch eher als Nebensache. Im Laufe der Jahre erhöhte sich aber auch das Warenangebot und die Einkommen in der DDR stiegen langsam an. Daher gab es auch schon mal Geschenke wie ein ferngesteuertes Auto für mich (natürlich noch mit Kabel) oder auch schon bessere Kleidungsstücke. Natürlich waren diese Dinge wichtig für uns, aber noch wichtiger und schöner war die Stimmung in der Weihnachtszeit. Alles war spannend und geheimnisvoll, aus den damals noch zahlreichen, kleinen Bäckerläden und auch aus dem damaligen „Wikana“ duftete es und wir konnten kaum die Bescherung abwarten, weil wir ja auch bald sehen wollten, was die anderen Kinder im Haus alles bekommen hatten.

Allerdings war unsere Familie immer die letzte im Haus, bei der die lang ersehnte Bescherung stattfand und mein Vater seinen großen Auftritt als Knecht Ruprecht hatte. Das lag hauptsächlich an dem von meiner Großmutter nach alter Sitte ausgerechnet zu Weihnachten angesetzten Großreinemachen. Wir saßen alle schon ungeduldig da, aber es gab keine Gnade, erst musste der Scheuerlappen (sudetendt. „Hoder“) noch jede Ecke besichtigen. Damals war alles auch nicht gerade pflegeleicht und allein den Linoleum-Flickenteppich in der Küche zu reinigen, dauerte schon seine Zeit.

Über dem Bett meiner Großmutter hingen die Bilder unseres Großvaters (sudetendt. „Odata“), den ich leider nie kennenlernte, weil er schon 1951 verstarb und die Bilder ihrer drei Söhne, alle in Wehrmachtsuniform. Meinem Onkel Franz, der 1941 vor Moskau fiel, soll ich übrigens sehr ähnlich sehen. Diese Bilder wurden nun mit Tannenzweigen versehen und die Bilder der Toten bekamen zusätzlich noch ein schwarzes Trauerband über eine Ecke des Rahmens.

In der Küche gab es an der Wand ein kleines Bord, auf dem immer das alte Radio stand, welches mein Großvater selbst gebaut hatte und das immer noch funktionierte. Dieses wurde nun zu Weihnachten heruntergenommen, meine Großmutter stellte allerlei Engelsfiguren aus Porzellan darauf und in der Mitte fand stets eine versiegelte Flasche ihren Platz. In der Flasche befand sich die handgeschnitzte Darstellung des Jesus am Kreuz und auch hier war wieder mein Großvater mit seinen geschickten Händen am Werk gewesen. Keiner war besonders kirchlich, aber es waren auch Erinnerungen an die verlorene Heimat und den gefallenen Sohn, sowie auch den allzu früh verstorbenen Mann, die meine Großmutter ohne Zweifel umtrieben. Wenn dann noch eine frische, weiße Borde aus Stoff angebracht war, konnte die Bescherung beginnen. Einmal ging ich mit meiner Großmutter zur Weihnachtsandacht in die Christuskirche. Wie ich bereits erwähnte, stand keiner von uns dem Glauben besonders nahe und wir jüngeren wurden sowieso atheistisch erzogen. Trotzdem habe ich nie den feierlichen Eindruck vergessen, den die Kirche auf mich machte, und auch nicht den Stern von Bethlehem, der aus dem Kirchturm leuchtete. Oft schneite es in der Weihnachtsnacht und am Morgen des ersten Weihnachtstages lag dann eine unberührte, weiße Schneedecke, alles sah so rein und unschuldig aus. Bei mir stellte sich immer das Gefühl ein, als sei die Welt irgendwie neu erschaffen. Es war eine immer in dieser Zeit wiederkehrende schöne und auf eine bestimmte Art feierliche Impression. Auch Martina hatte diese Empfindungen, wie ich aus vielen unserer Gespräche weiß. Unsere Denk- und Empfindungsweisen ähneln sich doch sehr oder, um es etwas salopper zu formulieren, wir „ticken" sehr ähnlich.

Von der Elbe her war das Krachen der Eisschollen zu vernehmen, ein kalter Nebel lag über dem Fluss und wir saßen am ersten Weihnachtsfeiertag am warmen Kachelofen, freuten uns nochmal über die Weihnachtsgeschenke (außer Medy manchmal) und warteten auf den Weihnachtsbraten. Meistens gab es Karnickel (sudetendt. „Kunickel"), dazu natürlich selbst gemachte Knödel (sudetendt. „Kneedel") und Sauerkraut. Vormittags wurde übrigens immer die Sendung „Zwischen Frühstück und Gänsebraten" im DDR-Fernsehen ausgestrahlt und selten verpasst. „Euer Heinz, der Quermann"und Margot Ebert führten durch die Unterhaltungssendung. Mit „Tschüß und winke, winke" verabschiedete sich Quermann immer und genauso schnell war Weihnachten auch schon wieder vorbei.

Ich kann dieses Kapitel allerdings nicht beenden, ohne auf ein besonderes Geschenk einzugehen, welches ich zu Weihnachten 1971 erhielt. Dieses Geschenk bestand in meiner ersten Modelleisenbahn. Sie war und bleibt für mich etwas ganz Besonderes. Mein Vater hatte gerade eine schwere Nierenerkrankung überstanden. Er verbrachte ein halbes Jahr im Paul-Gerhardt-Stift und wäre fast gestorben. Als er am Ende des Jahres endlich leidlich wieder hergestellt war und entlassen wurde, konnte ich es kaum erwarten, mit ihm und meiner Mutter die Weihnachtseinkäufe zu machen. Natürlich war mir als Kind nicht bewusst, wie knapp das Geld in der Familie war. Durch seine lange Krankheit war mein Vater voll „ausgesteuert“ und bekam nicht mehr viel Gehalt. Meine Mutter verdiente als Verkäuferin auch nicht riesig und trotzdem taten beide, was sie nur konnten.

Die verkaufsoffenen Samstage im Advent konnte ich kaum erwarten und wenn wir mit dem Bus in der Mauerstraße hielten, war ich immer schon ganz aufgeregt. Zu dieser Zeit erhielten die meisten Angestellten von ihren Betrieben Wertgutscheine für ihre Kinder. Diese konnten überall eingelöst werden und waren eine gute Sache. Dann führte unser Weg uns oft zuerst in das bekannte Kaufhaus „Strensch“ am Markt. Dort erwarb mein Vater für mich eine Modellbahn-Startpackung in der Spur H0. Solche Dinge waren schwer zu bekommen und relativ teuer (sind sie übrigens heute noch!). Mir glühten die Ohren und ich konnte das Weihnachtsfest kaum erwarten. Am liebsten hätte ich an der Uhr gedreht! Aber endlich war es soweit und die Bahn wurde zum ersten Mal aufgebaut. Es war zuerst nur einc einfacher Kreis, den die schwere E-Lok mit Zinkdruckgussgehäuse befuhr. Aber nach und nach wurden die Schienen auf eine Platte gebracht und die kleine Bahn immer mehr erweitert. Mein Vater war hierbei ein wahrer Künstler, bastelte er doch so manche nicht passenden Schienenprofile und Weichen zusammen, bauten Brücken und Steigungen, die von den Zügen noch bewältigt werden konnten und vieles mehr. Immer hatte ich Wünsche, brauchte mal ein neues Signal, eine neue Weiche und, und, und … Manchmal bastelte er die halbe Nacht lang und wenn früh am Morgen das manchmal gebraucht gekaufte Signal endlich funktionierte, dann war meine Freude groß. Mühselig musste er sich diese Kenntnisse aneignen, die doch so gar nichts mit seinem Berufsbild zu tun hatten. Das Problem der meisten Modellbahner war und ist ein Platzproblem. Wir hatten die immer größer werdende Modellbahnplatte mit Rollen versehen und unter das Bett meiner Großmutter geschoben. Sie duldete es ein wenig knurrend, wenn ich zum Spielen die Platte jedesmal vorzog. Aber dann gab es ein Problem. Mein Vater hatte eine wunderschöne Steigung auf der Platte montiert und diese passte in der Höhe nun nicht mehr unter das Bett. Alle Vorschläge meines Vaters, das Bett etwas höher zu bauen, wurden von ihr brüsk abgelehnt. In dieser verfahrenen Situation, griff mein Vater zu einer List. Als niemand da war, erhöhte er behutsam das hölzerne Bettgestell. Dabei kamen ihn natürlich seine Kenntnisse als gelernter Tischler zugute. Das Ergebnis war vollkommen unauffällig, aber die Platte passte nun endlich unter das Bett. Meiner Großmutter fiel das anfangs gar nicht auf, bis sie sich abends wunderte, dass ihre kurzen Beine beim Sitzen auf dem Bett etwas in der Luft baumelten. Sie grummelte zwar etwas, nahm aber schließlich zu unserer Erleichterung das Ergebnis schließlich hin. Lange begleitete mich die Modellbahn durch das Leben. Später lösten andere Interessen sie ab, aber der Eisenbahnvirus ließ mich nie ganz los und heute nenne ich wieder eine kleine Bahn mein Eigen. Ich erlebte bei der „richtigen“ Eisenbahn noch die Zeit der Dampfloks, beobachtete interessiert die Hafenbahn in Kleinwittenberg vor unserer „Haustür“ und ließ mich auch damals schon von der Atmosphäre auf Bahnhöfen gefangen nehmen. Die Welt der Eisenbahn fasziniert mich bis heute. Übrigens hatte auch Martinas Bruder Frank zu Weihnachten eine schon fast fertig aufgebaute Modellbahn in der etwas kleineren Sput TT geschenkt bekommen. Auch bei Heins gab es die beschriebenen Platzprobleme, aber wir spielten sehr oft mit der schönen Anlage, waren Lokführer, Schaffner, Rangierer und alles Mögliche. Die Modellbahn war und ist einfach ein wunderschönes Spielzeug. Falls eine Lok streikte, gab es die Möglichkeit, diese in Wittenberg reparieren zu lassen. Am schnellsten gelang das privat. Frau Prokubek, die leider unlängst verstorbene, langjährige Inhaberin des Modellbahnladens in der Schloßstraße, half uns dabei weiter. Sie vermittelte uns an einen älteren Herrn, der sich auf diese Reparaturen spezialisiert hatte und sich etwas hinzu verdiente. Seine kleine Werkstatt befand sich in einer Altbauwohnung in der Böttger-Straße. Diesen suchten wir mit einer kleinen, defekten Damplok auf. Ich freute mich riesig, wenn diese anfangs etwas „unwillige“ Lok nach der Reparatur wieder mit voller Beleuchtung über die Anlage schnurrte. Ein Besuch bei diesem Herrn war auch für mich deshalb immer so interessant, weil eine Vielzahl von verschiedenen Lokomotiven, manchmal halb auseinandergebaut, seinen Arbeitstisch säumte. Manchmal führte er auch Probefahrten mit den reparierten Modellen der verschiedensten Spurweiten aus. Dabei zusehen zu dürfen und die typischen Geräusche und Gerüche der Modellbahn in mich aufzunehmen, machte einfach Spaß und bleibt unvergessen. Wir begannen, uns auf Silvester zu freuen, weil dieser Tag für uns auch immer etwas ganz Besonderes war.

Als Jungs trieb uns natürlich die essenzielle Frage um, woher wir „Knallzeug" bekommen und zwar auch möglichst viel davon. Die begehrten pyrotechnischen Erzeugnisse (meistens aus dem „VEB Pyrotechnik Silberhütte") gab es immer nur in begrenzter Anzahl in Papierläden und Drogerien zu kaufen. Das war uns natürlich immer viel zu wenig und so mussten viele dieser Läden abgeklappert werden, um für uns einigermaßen ausreichende Mengen zu ergattern. Da der Vorrat natürlich auch in den Läden begrenzt war, musste sich schon spätestens gegen sechs Uhr in der Frühe angestellt werden, um überhaupt noch etwas zu bekommen. Billig waren diese Artikel auch nicht gerade und doch übten „Pfau-Harzer- oder Blitzknaller" einen unwiderstehlichen Reiz auf uns Jungs aus. Wenn die Knaller mit ihren noch unberührten Reibeflächen wie zur Parade in den Schachteln lagen, wurden unsere Augen jedesmal groß. Auch von den „Fliegenden Blitzen", Raketen, Feuerrädern und sonstigen Artikeln versuchten wir so viel wie möglich zu bekommen.

Im Hause meiner Tante Hanni befand sich, wie bereits erwähnt, die Drogerie Böhme. Da ich oft bei meinen Cousins war, konnte ich immer die gerade gelieferten großen Kisten mit „Knallzeug" im Hausflur stehen sehen. Ständig träumte ich davon, so eine ganze Kiste zu stehlen, entschied mich dann aber doch gegen die Durchführung der ruchlosen Tat. Also stellte ich mich brav in die lange Reihe der Wartenden, die in der eisigen Kälte des Wintermorgens aushielten. Der Einkauf begann meist in dem kleinen Papier- und Spielwarenladen schräg gegenüber der Christuskirche. Wie in allen Läden der DDR hing es auch hier, neben dem Vorrat, entscheidend vom Verkaufspersonal ab, ob jemand etwas bekam und dann auch noch, wie viel davon. Wessen Nase nicht gefiel oder wer sich vielleicht gar noch „vermaulte“, bekam eben schnell schon mal gar nichts. Und dann gab es als nächste Hürde die leidige Altersbeschränkung. Auch damals gab es keinen Verkauf solcher Erzeugnisse an Leutchen unter sechzehn und es wurde oft der allgegenwärtige Personalausweis verlangt. Ausreden, wie etwa „vergessen“ wurden gar nicht erst anerkannt und so manche Gestalt konnte man mit betrübter Miene nach zweistündigem Warten ohne „Knaller“ nach Hause trotten sehen, nachdem ihr im Laden die DDR-spezifische Aufforderung „Ausweis“ entgegengebellt worden war. Natürlich wollten wir aber schon vor dem Erreichen dieser „magischen“ Altersgrenze die begehrten Artikel erwerben, also blieb nur eins übrig, nämlich fälschen. Natürlich wagten wir uns nicht, etwa den PA zu verfälschen. Dazu hatten wir auch gar nicht die Möglichkeiten, zumal es PCs und Drucker noch längst nicht gab. Aber jeder von uns war Mitglied, meistens Zwangsmitglied, in irgendeiner Gesellschaft oder Organisation, wie etwa FDJ, GST, Angelverein oder sonst etwas und besaß somit auch einen entsprechenden Ausweis mit Lichtbild. Wir brachten diesen bedeutenden Dokumenten wahrlich nicht die gebührende Hochachtung entgegen, wenn wir unter Verwendung von Vaters Rasierklinge die letzte Ziffer unseres Geburtsdatums wegkratzten und uns dann mithilfe eines Filzstiftes von passender Farbe und Stärke älter machten. Diese oft recht plumpen Verfälschungen fielen erstaunlicherweise nie auf und noch erstaunlicher war es, dass niemand fragte, weshalb man früh um sechs ausgerechnet den FDJ-Ausweis dabei hat, aber nicht den Personalausweis. Wahrscheinlich konnte sich niemand die Dreistigkeit vorstellen, solch ein wichtiges Dokument zu solchen Zwecken zu nutzen. Übrigens hätte es bei Entdeckung wirklich richtigen Ärger gegeben. Aber daran dachten wir damals nicht und ich kann für diesen Ausbruch hoher krimineller Energie nur unsere damalige „Knallersucht" als Argument der Verteidigung anführen und auf Unzurechnungsfähigkeit plädieren. Sehr günstig war es natürlich, wenn ein guter Bekannter als Aushilfe beim Verkauf beschäftigt war. So verkaufte auch „Suppe", ein Freund meiner Schwester und meines Cousins Dietmar, die begehrten Artikel im heute noch existierenden Laden „Kimstädt" in der Wittenberger Collegienstraße. Durch ihn gelang es uns oft, die Knallervorräte zufriedenstellend zu erweitern.

Zu den dienstlichen Obliegenheiten meines Vater gehörten auch Dienstreisen in den schon erwähnten „VEB Pyrotechnik Silberhütte" und er legte diese Reisen klugerweise oft in die Zeit vor Silvester. Die Freude war natürlich immer groß, wenn er vom „Geburtsort" des Knallzeugs etwas mitbrachte oder durch seine Tätigkeit beim Seesport auch schon mal irgendwelche nicht so leicht erhältlichen Artikel bekam. Auch die Freunde meines Cousins Reinhard kamen manchmal mit solchen damals ungewöhnlichen Dingen wie echten Kanonenschlägen in Flaschenform an. Es ist mir bis heute rätselhaft, auf welchen Wegen sie diese besorgt hatten. Wir anderen bekamen jedenfalls Stielaugen und konnten Silvester kaum erwarten. Heute gibt es natürlich auf diesem Gebiet natürlich alles und ich selbst denke ganz anders über die Knallerei, aber damals war uns dieses Thema ziemlich wichtig. Aufgrund dieser speziellen Vorliebe für Pyrotechnik jeder Art, aber auch wegen unserer ausgeprägten Experimentierfreudigkeit ereigneten sich jedes Jahr diverse Zwischenfälle. So band mein Cousin P.r eine Leuchtkugelröhre auf das übriggebliebene Fahrgestell eines kleinen Schwungradautos und hatte somit eine Art mobiler Kanone. Das so von ihm kreierte Meisterwerk stellte er nun mit Schussrichtung nach draußen auf das Fensterbrett und entzündete voller Spannung die Lunte, aber es tat sich nichts. Fatalerweise drehte er nun den scheinbaren Versager um 180^0 und blickte fragend zur Ausschussöffnung. Prompt flog die Leuchtkugel in diesem Moment los und traf sein Kinn. Vorher hatte Peter, wie so oft, wenn er versuchte zu überlegen, den Mund offen stehen. Es wunderte mich daher etwas, die Leuchtkugel nicht in seinem Mund verschwinden zu sehen. Aber auch so qualmte und zischte es heftig, als die Kugel einschlug, und Peter jammerte verständlicherweise sehr. Ein Arzt wurde natürlich nicht zugezogen, als einzige Heilmaßnahme diente ein dubioses Öl, welches ihm vom Zwerg Anton auf das arg lädierte Kinn geschmiert wurde. Augenscheinlich brannte die „Medizin“ sehr, denn Peter führte einen twistartigen Veitstanz auf. Wider Erwarten trat aber doch eine heilsame Wirkung ein und der „Patient“ behielt zum Glück nichts zurück. Bei einer Silvesterfeier in der Wohnung meiner Eltern zündete übrigens der gleiche Zwerg Anton auf dem Hof einen mächtigen Kanonenschlag ungeklärter Herkunft. Sogenannte „Polenböller“ gab es damals noch nicht, es ist mir bis heute nicht bekannt, woher er dieses Teufelsding hatte oder was es enthielt. Jedenfalls erschütterte ein gewaltiger Knall den Hof und sofort bildete sich auch eine undurchdringliche Nebelwand. Diese wiederum veranlasste meine Schwester Medy zu den hysterischen Ausrufen: „Ich bin blind, ich bin blind!“ Ich war eher fasziniert von der phänomenalen Wirkung. Einer von den „Fehlstarts“ ereignete sich in der Küche meiner Eltern und war durch mich (oder meine Schwester?) zu verantworten. Ich war noch ziemlich klein und wollte vor Mitternacht unbedingt ein Tischfeuerwerk entzünden. Also griff ich in die mühsam beschafften Vorräte und nahm mir einen Knallkörper. Sicherheitshalber fragte ich aber meine Schwester Medy noch, ob dies auch wirklich ein Tischfeuerwerk sei. Diese hatte nun aber schon einigen berauschenden Getränken zugesprochen und schien auch sonst ziemlich abgelenkt zu sein. So murmelte sie nur ein „Ja, ja“ auf meine Frage. Also stellte ich voller Vorfreude das Erzeugnis auf den Küchentisch und zündete es an. Auf ein- mal gab es einen großen Knall und bunte Leuchtkugeln flogen mit Urgewalt gegen die Küchendecke. Das Ganze erinnerte stark an eine Szene aus dem Krieg und alles war voller Qualm und Gestank. Meine Großmutter, die mit in der Küche war, bekam den Schreck ihres Lebens und versuchte vor den irre pfeifenden Leuchtkugeln zu flüchten. Dazu rief sie immerzu: „Jesses, Jesses“. Die Silvestergäste kamen aus der Wohnstube gestürzt und als sich der Qualm verzogen hatte, sah man die frisch gemalte Küchendecke, die nun allerdings eher das Aussehen einer Kraterlandschaft hatte. Das vermeintliche Tischfeuerwerk war ein „Fliegender Blitz“ gewesen und durfte natürlich nur im Freien verwendet werden.

Die Sanktionen meiner Eltern hielten sich gnädigerweise in Grenzen, die arme Medy bekam vielleicht etwas mehr ab, weil sie ja schon älter war. Zuvor hatte Medy auch noch meinen Onkel Erich schockiert. Dieser war nun ein ganz vornehmer Mensch und sprach nur hochdeutsch. Schließlich war er ja auch Lehrer. Unsere Wohnung in der Kürschnerstraße besaß neben dem Flur ein kleines Zimmer. Dieses war nur durch eine Trockenbauwand abgeteilt. In diesem Zimmer schlief unter anderen auch meine Großmutter. Wenn Besuch kam, wie eben auch zur Silvesterfeier, legten die Gäste ihre Sachen oft auf dem Bett meiner Großmutter ab. Als Onkel Erich nun seinen Mantel holen wollte, saß meine Schwester Medy auf einem viel zu kleinen Nachttopf in eben diesem Zimmer. Sie urinierte geräuschvoll und der entsetzte Onkel Erich fragte: „Nun sag einmal, kannst du denn nicht auf die Toilette gehen?“ Diese befand sich nur etwa fünf Meter entfernt. Wir fragen uns heute noch unter lachen, was Medy dazu veranlasste, sich ausgerechnet in das kleine Zimmer zu hocken und Onkel Erich so zu erschrecken. Sie war schließlich schon fast erwachsen und hätte die paar Meter bis zur Toilette ganz sicher geschafft. Wahrscheinlich erschien ihr das kleine, dunkle Zimmer aber gemütlicher.

Einige Jahre später weilte ich zur Silvesterfeier bei Martina und Dietmar in der Franz-Mehring-Straße. Ich wollte wenigstens diesesmal alles richtig machen und stellte um Mitternacht voller Vorfreude meine mitgebrachten Raketen in die dafür vorgesehenen leeren Sektflaschen. Sorgfältig achtete ich darauf, die Flugrichtung nach schräg oben und vom Hause weg verlaufen zu lassen. Leider war ein Fehler in meinen tollen ballistischen Berechnungen. Auf der anderen Straßenseite verliefen nämlich in gewisser Höhe etliche Stromleitungen, welche von Masten geführt wurden. In diese Stromleitungen flog nun zielsicher meine Rakete, drehte sich und flog entgegen ihrer ursprünglichen Zielrichtung fast horizontal in eine Fensterscheibe des zweiten Stockwerkes des Hauses, vor dem ich stand. Unglücklicherweise war niemand in der Wohnung und es wäre fatal gewesen, wenn die Rakete einen Brand verursacht hätte. So musste ich nur am nächsten Tag mit dem kaputten Fenster und meinem Vater nach Piesteritz ziehen, um eine neue Scheibe vom Tischler einziehen zu lassen. Martina und Dietmar entschuldigten sich für den Zwischenfall beim Wohnungsinhaber. Mir war die ganze Sache furchtbar peinlich, aber ich hatte immerhin mal wieder mehr Glück als Verstand gehabt. Ich beschloss dann auch, lieber nicht bei der NASA als Raketeningenieur anzufangen.

Die Reihe dieser Missgeschicke ließe sich noch ein ganzes Stückchen fortführen, aber trotzdem waren die Silvesterfeiern immer wunderschön und ausgelassen. Es wurde getanzt und gesungen, alle waren fröhlich. Ich staune heute noch darüber, wie viele Leute in das relativ kleine Wohnzimmer meiner Eltern passten. Den Teppich hatte mein Vater vorher entfernt, Stühle und Tische wurden so gestellt, dass jeder Platz hatte und noch Raum zum Tanzen blieb. Wenn meine Mutter später in die Tasten ihrer Ziehharmonika griff, dann gab es kein Halten mehr. Manchmal wurde sie dabei von ihrem Bruder Erich auf der Mundharmonika begleitet und schon damals spürte ich die ungeheure Wirkung von „Handmade Music". Sie geht mir heute noch genauso in das Blut wie damals. Getrunken wurde natürlich auch recht heftig und wenn mein Bruder Harry dann russischartige Vokale wie „Potzki Protzki" ausstieß oder aus unerfindlichen Gründen den Reim „Grüne Heringe, frische Flundern – wer sie kauft, der wird sich wundern" deklamierte, war dies ein sicheres Indiz für das Erreichen eines gewissen Füllstandes bei ihm. Manchmal stritt er auch in den frühen Morgenstunden mit meinem Onkel Paul darum, wer das Gurkenwasser austrinken durfte. Der Sieger des Streits war immer durch das Dillkraut in seinem Gesicht relativ leicht zu identifizieren. So endeten manche der Silvesterfeiern erst in den frühen Morgenstunden und hätten von mir aus ruhig noch weitergehen können. Am Neujahrsmorgen konnten es die Halbwüchsigen kaum erwarten, wieder auf die Straße zu kommen und nach noch funktionierenden „Knallern" zu suchen. Am Birnbaum vor dem Hoftor hingen noch die abgebrannten „Feuerräder", die mittels Hammer und Nagel befestigt werden mussten. Selbst abgebrannt gefielen sie uns noch. Die ganze Knallerei hatte für uns damals wirklich eine Art Suchtpotenzial. So begann wieder ein neues Jahr und ich war, im Gegensatz zu heute, schon gespannt darauf.

Erwähnenswert ist auch noch eine Gruppe von Leuten, die uns viele Jahre noch besucht. Diese Menschen hatten mit meiner Mutter und ihren Eltern im gleichen Dorf im Sudetenland gewohnt. Dieses wiederum gehörte nach Kriegsende zur damaligen Tschechoslowakei und alle Deutschen mussten bei Nacht und Nebel das Land verlassen. Ein Teil dieser Menschen landete in Wittenberg. Die schrecklichen Erlebnisse auf der Flucht und das erste gemeinsame Kampieren in den „Sidol“-Baracken der Lutherstadt schweißten noch stärker zusammen. Deshalb besuchten sich die Vertriebenen noch lange Zeit gegenseitig, gedachten ihrer verlorenen Heimat und erzählten Geschichten. Für mich als Junge war es immer aufregend, dabei zuzuhören. Oft kamen die Besucher (sudt. „Hutzenleit“) auch in der Weihnachtszeit. Sie saßen dann in der warmen Küche und nur die Glut im Küchenofen verströmte ein diffuses Licht durch die Ritzen der Ofentür. An den Fenstern hatten sich Eisblumen gebildet und in halber Höhe hing eine Decke davor, denn kaum ein Küchenfenster war wirklich dicht. Ich saß als Kind oft unter dem Tisch und lauschte den manchmal recht gruseligen Geschichten. Dabei standen mir die Haare zu Berge, besonders wenn vom schrecklichen „Graumannel“ oder der ebenso unheimlichen „Zettel-Mühle“(sudt. „Zettel-Miel“) die Rede war. Aber es war furchtbar spannend und Fernseher und Internet wurden wahrlich nicht gebraucht. Es war auch zu spüren, dass die Erzähler vom Wahrheitsgehalt ihrer Geschichten, die sie bei Grog und selbst gebackenen Plätzchen („Pfaffermanneln“) zum Besten gaben, selbst zutiefst überzeugt waren. So interessant diese Geschichten auch waren, so hatten sie jedoch auch einen Nachteil: Sie fielen einem garantiert wieder ein, wenn wiedermal ein Gang in unseren tiefen Keller notwendig wurde! So ging es natürlich auch meinem Cousin Dietmar und meinen Geschwistern, wobei ich allerdings meine Schwester Medy ein wenig ausnehmen muss. Sie war schon immer etwas pragmatischer und nüchterner als wir. Sie glaubte längst nicht alles, so wie wir etwas einfältige Angsthasen es taten. Dafür konnte sie sich aber auch nicht so schön gruseln und Fantasie ist ja auch wichtig. Aber ich behalte die „Hutzenleit“ jedenfalls in guter Erinnerung, die übrigens auch (meist düster in Schwarz gewandet) zu den Krauses kamen. Natürlich waren das wiederum alte Bekannte aus deren jeweiligem Bereich der alten Heimat.

Überhaupt schien das Leben aber gefährlich zu sein, wie man uns durch allerlei skurrile Belehrungen beizubringen versuchte. Die Gefahren beim Lutschen eines Eiszapfens habe ich schon erwähnt. Es gab aber noch eine Reihe weiterer „Gefahren“. Frischen Kuchen oder Kirschen essen und darauf kaltes Wasser trinken führte, so lautete die allgemein anerkannte Regel, unweigerlich zum Platzen des Magens. Ganz schlimme Folgen sollte es auch haben, sich im Winter auf einen kalten Stein zu setzen. denn dann konnte „Gift“ durch den Anus in den Körper ziehen. So soll dann auch mein mir unbekannter Onkel Josef (sudt. „Bepl“) im Kindesalter in der alten Heimat gestorben sein.

Bei Gewitter führten, wie schon beschrieben, die umfangreichen Sicherheitsvorkehrungen meiner Großmutter dazu, dass wir schließlich alle Angst hatten. Aber all das belastete uns nicht sonderlich, wir fanden es sogar dann wiederum aufregend und taten natürlich oft genau das Gegenteil. Wir probierten alles und stopften die unmöglichsten Sachen in unsere Münder. Ob Sauerampfer, schrecklich harte Wildbirnen von den Bäumen an der Elbe oder jene schreckliche Rharbarber aus Kühns Garten, der wirklich alle Löcher zusammenzog – wir kosteten alles! Selbst Käseblumen waren nicht sicher vor uns. Wir taten dies alles nicht etwa aus wirklichem Hunger, sondern meist aus reiner Neugier. Ernsthaft krank von uns Kindern und Jugendlichen war kaum jemand. Eine Erkältung wurde noch mit Hausmitteln kuriert. Ein Säckchen mit heißer Kleie oder heißen Kartoffeln auf dem „Brustel“ half zusammen mit fürchterlich schmeckendem Zwiebelsaft meistens schnell. Vielleicht wollte man auch sehr schnell gesunden, um nicht noch weiter damit traktiert zu werden. Dann wurden eben wenigstens die Selbstheilungskräfte des Körpers aktiviert. Viele hatten damals auch (wie eklig und peinlich) mit kleinen Spulwürmern zu kämpfen. Ein daran Erkrankter war leicht zu erkennen, hatte dieser doch ständig eine Hand am Gesäß, um sich zu kratzen. Es bot schon einen etwas grotesken Anblick, wenn sich alle trafen und bei der Unterhaltung ständig eine Hand am Hintern hatten. Als Mittel der Wahl kam zur Bekämpfung dieser höchst lästigen Erscheinung geriebene Mohrrübe zur Anwendung. Diese schmeckte nicht besonders gut, war aber ein probates Mittel. Auf jeden Fall wurde nicht wegen jeder Kleinigkeit tonnenweise Antibiotika verschrieben wie heutzutage und auch nicht wegen jeder Kleinigkeit zum Arzt gerannt. Wahrscheinlich waren wir auch nicht so „verpimpelt“ wie die Internet- und iPhone-Generation.

III) Meine Tante Hanni, Cousins und Cousinen

Alle meine Erinnerungen blieben unvollständig, wenn ich nicht auch jenes Haus in der Dessauer Straße 238 (früher „Straße der Neuerer 238“) erwähnen würde. Dort lebte viele Jahre meine Tante Hanni und dort wuchsen auch die Geschwister meines Cousins Dietmar auf. Dietmar selbst war eher bei uns in der Kürschnerstraße zu Hause. Jede Woche besuchte ich meine Cousins und meine Cousine. Wir verbrachten viel Zeit miteinander.

In den Ferien, wenn wir allein waren, schickten wir meine Cousine in den gegenüberliegenden Zigarettenladen von der bereits erwähnten Martha Neumann. Meine Cousine gab leere Flaschen ab und erwarb dafür drei filterlose „Casino“-Zigaretten, verpackt in einem Tütchen. Zusammen ließen mein Cousin Peter und ich uns die Zigaretten schmecken, hörten Beat-Musik und kamen uns einfach großartig vor. Auch die Freunde meiner Cousins waren oft zu Gast uns sorgten immer wieder für Attraktionen. So tauchte eines Tages ein Mann namens Lohan auf, ein Freund meines Cousins Reinhard. Das Tollste war dabei die E-Gitarre, die er mitbrachte. Als Verstärker diente das um diese Zeit moderne, große Röhrenradio, welches zum Glück vorhanden war. Lohan verband die Gitarre mithilfe zweier bunter, sogenannter „Bananen-Stecker“ mit dem Radio und legte los. Was für ein Wahnsinnserlebnis für uns in dieser Zeit! Überhaupt eine E-Gitarre zu besitzen war un glaublich. Er konnte zwar nur ein oder zwei Riffs wirklich spielen, aber eins davon war das Intro von „One and One“ und das andere von „Satisfaction“. Beide waren besonders charakteristisch und verleiteten uns zu wahren Beifallsstürmen. Lohan musste die Nummer so oft wiederholen, bis seine Fingerkuppen wund waren. Auch sonst war immer irgendetwas los und ich konnte nie an der Haustür meiner Tante vorbeigehen. Ich erlebte auch hier tolle Silvesterfeiern und bei dieser Gelegenheit meinen ersten und einzigen durch Alkohol hervorgerufenen Total-Blackout.

Im Haus befand sich auch die bekannte Drogerie Böhme. Diese alte Drogerie mit ihrer ebenso alten Ladeneinrichtung war auch etwas ganz Besonderes. Oftmals klopften wir am Wochenende an der Wohnungstür der Böhmes, weil wir noch irgendetwas brauchten, und wurden nie abgewiesen. Wenn ich meine Tante besuchte, musste ich immer an der Wohnungstür der alten Frau Böhme vorbei. Dort roch es stets nach Rosenseife. Die Treppe war meist frisch gebohnert und wenn das Wetter entsprechend war, schien auch noch die Sonne durch das Flurfenster und tauchte alles in ein warmes Licht. Diese angenehmen Eindrücke haben sich aus irgendeinem Grund tief in mir verfestigt.

Zum Haus gehörte auch noch ein Hof. Dort befanden sich neben den alten Lagergebäuden der Drogerie auch Schuppen, Böhmes Garten, ein Hinterhaus und ziemlich am Ende zwei „Plums-Klosetts“. Gerade hier war es im Dunkeln ziemlich gruselig. Im Herbst und Winter legte sich oft der Nebel über den Garten und das darin befindliche Gartenhäuschen war nur noch schemenhaft zu erkennen. Dieses ähnelte im Stil einem kleinen japanischen Teehaus und zu allem Überfluss hatte auch noch jemand behauptet, dort würde ein gesuchter, missgestalteter Mörder Unterschlupf suchen. Das war natürlich purer Unsinn, aber immerhin sicherte mein Cousin Dietmar die Tür des Plumsklos mit drei verschieden langen Haken, die es gestatteten, den

„Lunschwinkel“ der Tür unterschiedlich groß zu gestalten. Ergänzt wurden diese Sicherungsmaßnahmen durch die Installation einer aus Flachbatterien und Fahrradbirnen bestehenden Innenbeleuchtung. Außerdem wurde im Winter brennendes Zeitungspapier vor dem Daraufsetzen in das Klo geworfen. Offenbar sollte auch ein warmer Hintern das subjektive Sicherheitsgefühl verstärken. Natürlich musste dabei im Rahmen der Gefahrenabwehr auch die Explosionsgefahr berücksichtigt werden. Zusätzlich nahm Dietmar in der Wohnung seiner Mutter, bei entsprechend gefühlten Gefährdungsmomenten natürlich, alle zur Verteidigung geeigneten Küchenmesser vorsorglich aus der Schublade. Man konnte ja nie wissen!

Damals lebte auch noch die alte Frau Brühl im Haus. Vor den Böhmes hatte sie mit Ihrem Mann über viele Jahre hinweg die Drogerie geführt. Mein Vater erzählte oft, wie er vor dem Krieg mit dem Bus von Wittenberg nach Piesteritz zu seinen Eltern fuhr und der damals noch vorhandene Schaffner irgendwann ausrief: „Nächste Haltestelle-Drogerie Brühl!“

Die alte Frau Brühl, die ich nun kennenlernte, war ein ziemlich neugieriges Wesen, welches in meist schwarzen Gewändern über den Hof huschte und immer noch so tat, als gehöre alles ihr. Sie war ziemlich klein und steckte zu gern ihren mir einem weißhaarigen Dutt versehenen Kopf überall hinein. Nun hatte mein Onkel Anton in seinem Schuppen einen Karnickelstall eingerichtet. Anton war ein zwergenhafter, meist bösartiger Mann und verfügte nur noch über einen Schneidezahn. Es ärgerte ihn maßlos, dass die alte Frau Brühl auch immer mal wieder in seinen Schuppen lunschte. Eines Tages stellte er sich im Schuppen hinter die Tür und als Frau Brühl ihren Kopf hineinsteckte, zog er sie in das Dunkle und rief: „Kumm har, du Hax, iech hock dir den Kuup ob!“ (Komm her, du Hexe, ich hacke dir den Kopf ab!“). Dazu schwang er auch noch das schartige Beil über dem Kopf, mit dem er die Karnickel enthauptete. Dieses ganze Szenario und ein Blick auf die vor Wut verzerrte Fratze und den einen Zahn sorgten für einen gehörigen Schock bei Frau Brühl. Sie trippelte eilig davon, stieß eigenartige Angstlaute aus und sah nie wieder in den Horror-Schuppen.

Ansonsten war ich viel mit meinem Cousin Peter zusammen. Wir teilten und teilen die große Leidenschaft für Rock‘n‘Roll-Musik und alte Filme. Stundenlang saßen wir mit unseren Tonbandgeräten zusammen und hörten Musik, die wir zuvor irgendwo aufgenommen hatten. Wir waren stolz und glücklich, wenn es einem von uns mal wieder gelungen war, einen seltenen Titel aufzunehmen. Sofort musste überspielt werden und sorgsam schrieben wir Titel und Interpret in sorgfältig geführte Hefte. Mit unseren damals noch fragmentarischen Englisch-Kenntnissen war das gar nicht so einfach, bereitete uns aber sehr viel Spaß. Nachmittags sahen wir oft die Fernsehserie „Kung Fu“ mit David Carradine und beobachteten das gegenüberliegende Haus. Dort wohnte nämlich die Familie Krebs mit ihren drei hübschen Töchtern. Peter gelang es schließlich später sogar, mit einer von ihnen „zu gehen“.

Zusammen ging ich auch mit Peter im Morgengrauen nach Piesteritz, um bei „Rudloff“ sein erstes großes Stereo-Radio zu kaufen, ein „Proxima“ mit „Quadro-Effekt“. Wir konnten es kaum erwarten, endlich nach Hause zu kommen und das neue Gerät anzuschließen. Endlich konnten wir auch unsere Hits von UKW aufnehmen! Das ging natürlich erst, nachdem wir in einer abenteuerlichen Aktion auf dem Dach eine UKW-Antenne anbauten. Im Winter tranken wir Tee (mit manchmal ordentlich Rum) und beschäftigten uns mit Musik und tausend anderen Dingen. Bei „Lamplight“ von den Bee Gees und vielen anderen unsterblichen Musikstücken gaben wir uns unseren Träumen hin.

Wie bei mir in der Kürschnerstraße, gingen auch bei meiner Tante viele Leute aus und ein. Darunter waren viele Freunde meiner Cousins, aber auch so mancher andere Bekannte und Verwandte. Jeder brachte irgendetwas Neues ein und so war auch hier das Leben für Peter und mich mehr als interessant. Als wir noch kleiner waren, spielten Peter, dessen Schwester und ich „Verstecken“ rund um die Christuskirche, gossen Bleisoldaten und verbrachten viel Zeit miteinander.

Als wir älter wurden, waren auch die Freundinnen meiner Cousine für mich von gewissem Interesse. Irgendwann begannen Peter und ich, die damals bekannten Kriminalromane aus dem Westen zu „verschlingen“. Wir lasen auch noch anderes, aber diese Romane erschienen uns damals einfach am spannendsten. Und hierbei muss unbedingt ein Mann auftauchen, den ich bereits erwähnte. Es handelt sich um „Botte“ – einen Freund meines Cousins Dietmar. Botte war bei fast allen Aktionen Dietmars und dessen anderen Kumpels dabei und auch ich kenne ihn daher seit „Urzeiten“. Erst kürzlich trafen wir uns alle wieder und es schien so, als wäre fast keine Zeit seit damals vergangen. Er wohnte damals bei meiner Tante und ihm verdanken Peter und ich, neben vielen anderen Erlebnissen, unsere Liebe zu diesen Kriminalromanen. Speziell die Romane mit dem

FBI-Agenten Jerry Cotton fesselten uns ungemein. Diese waren in der DDR natürlich nicht erhältlich und auch ihre Einfuhr unterlag als „Schund- und Schmutzliteratur“ strengsten Verboten. Trotzdem kursierten Exem plare, die aber schwer zu bekommen waren. Oft waren diese Romane zerfleddert und ohne Deckblatt und zusätzlich mit irgendwelchen Namenskürzeln versehen. Manche davon waren aber auch gut erhalten und wurden ebenso gut gehütet. Als Halbwüchsiger bekam ich von Botte erstmals so einen Roman zum Lesen und konnte gar nicht mehr aufhören damit, weil er so unfassbar spannend war. Natürlich gelangte ich dadurch auch ganz schnell zu den letzten Seiten und dachte schon mit Bedauern an die lange Zeit, die es dauern würde, wieder an das nächste Exemplar zu gelangen. Ich kann mich noch gut an die Titel der der ersten Romane erinnern, nämlich „Die Ratte von Harlem“ und „Nacht über Manhattan“. Im Letzteren ging es um Taxifahrer in New York, die immer in eine dunkle Ecke der Stadt fahren mussten. Eine eiskalte Hand zog dann an den Haaren den Kopf nach hinten, bevor ihnen die Kehle durchgeschnitten wurde. Schließlich spielte der FBI-Agent Jerry Cotton einen Taxifahrer und konnte nach einer ebenso gefährlichen wie spannenden Aktion den Mörder stellen. Mir sträubten sich beim Lesen die Nackenhaare, übrigens eine Redewendung, die sehr oft auch in diesen Romanen vorkommt. Irgendjemandem war es auch gelungen, eine große Straßenkarte von New York City aufzutreiben. Ein weiteres Wunder zu DDR-Zeiten! Ich war begeistert, konnten wir doch nun die Streifzüge unserer Helden Jerry Cotton und Phil Decker durch die Riesenstadt verfolgen. Botte hatte irgendwo von einem Seemann ge- hört oder gelesen, dessen Schiff im Hafen von New York festmachte. Dieser Seemann war auch ein Cotton-Fan und nutzte die Zeit, um die in den Romanen gemachten Ortsangaben mit der Realität zu vergleichen. Wenn zum Beispiel in der Seventh Avenue ein bestimmtes Geschäft beschrieben wurde oder an einer bestimmten Straßenkreuzung ein bestimmter Baum stand, dann existierte auch tatsächlich alles so. Davon konnte sich der Mann auf seiner Erkundungstour überzeugen und uns um so mehr begeistern. Natürlich war die Handlung fiktiv, natürlich war es Trivialliteratur und würde gewiss auch nicht das Prädikat „Pädagogisch wertvoll“ erhalten haben. Auch heute noch würden wahrscheinlich viele „Erziehungswissenschaftler“ sich die Haare raufen angesichts dessen, was wir damals konsumierten. Uns hat es jedenfalls nicht geschadet. Wie bereits erwähnt, las ich damals auch noch vieles andere. Aber nichts war eben so spannend wie diese Romane. Auch wurde die Neugier auf so vieles geweckt und blieb mir bis heute erhalten. Die Stadt New York, das FBI und vieles des Gelesenen mehr faszinieren mich immer noch. Dabei bin ich gewiss nicht unkritisch und sehe durchaus die Schattenseiten. Ich bewunderte Botte auch sehr, als er mir die Existenz von Cotton-Taschenbüchern verriet und lässig rauchend meinte, schon einige davon gelesen zu haben. Solche Taschenbücher hatte ich noch nie gesehen!

Übrigens ist er auch heute noch ein Sammler von Cotton-Romanen, „Bravo“-Heften aus jener Epoche und vielem mehr. Er hängt ebenso sehr wie Martina, Dietmar und ich an jener Zeit, in der wir noch jung waren, unsere Sorgen begrenzt und die Zukunft noch spannend erschien. Ich verdanke ihm jedenfalls viele spannende Stunden und schöne

Erinnerungen. Ich hätte ihn auch früher kaum vergessen können, lag doch sein von der Wasserschutzpolizei konfisziertes Paddelboot jahrelang im Hafengelände neben dem Wasserschutz-Häuschen. Eines der zahlreichen Abenteuer an der Elbe war wiedermal schiefgegangen.

Übrigens las Botte auch beim Zelten mit Dietmar und den anderen an der Elbe mit der Taschenlampe Cotton-Romane. Weil diese eben so spannend waren, wurden die Zeltinsassen auch schon mal von plötzlichen Hochwasser überrascht und konnten sich gerade noch in Sicherheit bringen. Der beste Beweis für die Spannung, die diese Hefte aufbauten!

Da zum Lesen vielleicht auch das Zeichnen passt, muss ich an dieser Stelle nochmal meinen Cousin Dietmar hervorheben. Niemand war so gut wie er in der Lage, wundervolle Zeichnungen mit Stift oder Pinsel zu fertigen. Er konnte mit wenigen Strichen damals populäre Comic-Figuren wie Fred Feuerstein oder Donald Duck auf das Papier bringen. Aber auch Beatgruppen, die „Drei Musketiere", Gesichtsporträts oder Schiffe auf der Elbe gelangen ihm hervorragend. Ich schaute ihm oft bewundernd über die Schulter, wenn er mit Tusche und Pinsel, oft auf meinen Wunsch hin, seine Werke schuf. Als Wasserbehältnis für den Pinsel diente dabei meist ein kleines Schnapsglas, welches ich noch deutlich vor mir sehe. Bis heute bewahre ich viele seiner Zeichnungen auf. Übrigens hat ihm sein Zeichentalent auch während seiner harten Armeezeit noch sehr geholfen. Da er für die EKs wunderbare EK-Tücher fertigen konnte, ließen diese ihn auch weitestgehend in Ruhe. Aus meinem Cousin hätte in dieser Hinsicht viel mehr werden können, wenn sich jemand seines Talents wirklich angenommen und es gefördert hätte. Davon bin ich fest überzeugt. Aber nun zurück zur Kürschnerstraße.

IV) Die ersten größeren Konsumgüter

Gerade wenn ein neues Jahr heranbrach, war auch immer die Frage, über welche neuen Errungenschaften die einzelnen Familien verfügen würden. Es ging in den sechziger Jahren auch in der DDR langsam, aber stetig voran. Wir Kinder kamen natürlich am schnellsten in die anderen Wohnungen und registrierten staunend sofort alles Neue. Die meisten Familien hatten zu dieser Zeit schon einen Schwarz-Weiß-Fernsehapparat, aber die Bildröhren waren oft noch sehr klein. Wir hatten einen „Derby" mit einer 43-cm-Bildschirmdiagonale und die reichliche Auswahl zwischen 2(!) Programmen (ja, das war damals so!). Das war gutes Mittelfeld, aber bald schon gab es Geräte mit größerer Bildröhre und am Ende der sechziger Jahre kamen auch die zweiten Programme hinzu. Allerdings kosteten alle diese Konsumgüter in der DDR im Verhältnis zum Lohn sehr viel Geld. Deshalb musste die Durchschnittsfamilie für die Anschaffung lange sparen. War die neue Attraktion dann endlich da, wurde sie gehegt und gepflegt und alle waren stolz. Die Produkte waren auch sehr langlebig und robust, eine Wegwerfgesellschaft war die DDR nicht und das finde ich heute noch gut. Das galt auch für Waschmaschinen, Kühlschränke und später für die ersten Autos. Ich weiß noch genau, welche Freude der Kauf des ersten Kühlschranks bei uns auslöste. Am meisten hatte mein Vater auf den Kauf gedrängt und das nicht ohne Grund. Mein ansonsten überaus sparsamer Onkel Erich hatte sich nämlich für den Kauf eines der begehrten Kühlgeräte entschieden und seinen ebenso betagten wie leicht undichten Eisschrank in seinem unendlichen Großmut an uns vermacht.

Nun fiel meinem Vater die undankbare Aufgabe zu, alle zwei Tage die Fa. Storch in der Mittelstraße aufzusuchen, um sich einen schweren, vierkantigen Eisbarren auf die mit einem zusammengelegten Kartoffelsack leidlich geschützte Schulter packen zu lassen. Dann legte er mit dem Fahrrad die ob dieser Last nicht unbeträchtliche Strecke nach Kleinwittenberg im Schnelltempo zurück, nur um dann zuzusehen, wie sein Transportgut „Like Ice in the Sunshine" im undichten Eisschrank alsbald schmolz und herauslief. Da hatte er irgendwann genug und befürwortete den nicht unbeträchtlichen Eingriff in das Familienbudget. Familie Hein besaß ihren Kühlschrank schon etwas früher. Dieser stand im mittleren Zimmer, hatte abgerundete Ecken und eine Art Autotürgriff mit Öffnungsrichtung nach unten. Damals bewunderte ich das Teil sehr und, wie ich letztens sehen konnte, ist ein ähnlicher Kühlschrank heute wieder als „Retro" im Angebot.

Ein ähnlicher „Wettbewerb" wurde mit den ersten Waschmaschinen ausgetragen. Aber selbst mit Waschmaschine (eine „WM 66" aus Schwarzenberg) war der „Waschtag" immer eine Art Großereignis. Wir Kinder fanden auch das sehr aufregend, für die Erwachsenen war es eher sehr anstrengend. Meinem Vater graute regelmäßig davor. So einen Tag zu schildern lohnt sich, so finde ich jedenfalls, vielleicht auch deshalb, um mal wieder zu zeigen, wie bequem wir es heute haben. Die Waschküche in der Hermann-Kürschner-Straße 8 (von meinen Kumpels liebevoll, aber nur etwas vermessen „Carneby-Street" genannt) befand sich im unteren, rechten Teil des heute leider weggerissenen Hofgebäudes. Im oberen Teil beherbergte der Ziegelbau eine Wohnung, über deren meist illustre

Mieter ich schon berichtet habe. Wenn nun Waschtag angesetzt war (man musste sich vorher eintragen!), begann mein Vater den Tag damit, allerlei schwere Zinkwannen aus dem Keller in die Waschküche zu schleppen. Diese äußerst wichtigen Requisiten besaß damals übrigens jede Familie. Als nächstes musste der in der Waschküche befindliche gemauerte Ofen angeheizt werden. Dieses einem kleinen Krematorium verblüffend ähnlich sehende Monstrum besaß in seinem oberen Teil einen großen, gusseisernen Kessel, der nun mit Wasser gefüllt wurde. Wenn es soweit war, wurde nun die Kochwäsche darin gekocht und mit Hilfe von Holzpaddeln bewegt. Allerdings hatte schon das Anheizen seine Tücken und später verschwanden beachtliche Mengen an Kohle und Holz durch die gewaltige Feuertür. In den Zinkwannen wurde die Wäsche weiterbearbeitet und auch die schon erwähnte Wellrad-Waschmaschine , „WM 66“, kam zum Einsatz. Nur Fam. Hanisch hatte diese Möglichkeit nicht, weil doch der liebe Herr Hanisch sich nicht an den Kosten für den Elektro-Anschluss in der Waschküche beteiligt hatte. Konsequenterweise verschloss Hausverwalter Krause die Steckdose in einem Kasten und nur wer bezahlt hatte, bekam auch den Schlüssel. Später kamen Hanischs auf die Idee, in luftiger Höhe über dem Hof ein Verlängerungskabel aus ihrem Bad zu legen und dabei eine vorhandene Kabeltrasse, die zum Hinterhaus führte, zu nutzen. Selbstverständlich musste das Kabel nach jedem Waschtag wieder entfernt werden. Aber wieder zurück zur Waschküche. Besonders verschmutzten Wäschestücken und Hemdkragen (suddt. „Krogen“) rückten meine Mutter und Großmutter mit Waschbrett, Kernseife und Wurzelbürste (suddt.

„Kernsaaf“ und „Berscht“) zu Leibe. Bevor die Waschmaschine da war, musste fast jedes Kleidungsstück so oder ähnlich behandelt werden. Natürlich verlor die Bürste durch ihren exzessiven Gebrauch allerhand Borsten, die dann nur zu gern im behandelten Kleidungsstück stecken blieben. Beim Tragen eines so gespickten Pullovers oder eines anderen derart misshandelten Kleidungsstückes, konnte es durchaus zu veitstanzartigen Verrenkungen des bedauernswerten Trägers kommen. Die Borsten piekten und kratzten nämlich unangenehm auf der Haut und natürlich immer genau da, wo trotz artistischer Einlagen nicht heranzukommen war.

Zu jener Zeit trugen alle (oder fast alle) männlichen Vertreter unserer Spezies im Winter noch lange Unterhosen, die sogenannten „Langen Kameraden“. Diese waren schön dick und aus Wollstoff. Hier siedelten sich die bösartigen Borsten besonders gern und oft gerade in dem Bereich an, der später die Genitalien warmhalten sollte. Es hinterließ natürlich einen etwas seltsamen Eindruck, wenn auf der Suche nach den Borstenquälgeistern längere Zeit ausgerechnet in diesem Bereich gefingert wurde und jemand dazukam. Die langen Unterhosen (suddt. „Gatterhuusen“) wurden dann auch noch bis kurz unter die Brustwarzen gezogen, weil der Haltegummi schon längst seine Elastizität verloren hatte. Die Patentlösung bestand dann immer darin, den Bund der Unterhose etwas aufzuschlitzen, den bindfadenartigen „Gummi“ immer weiter herauszuziehen und zu verknoten. Die Unterwäsche der Frauen war allerdings ebenfalls alles andere als erotisch. Gewaltige Baumwollschlüpfer in Knielänge, getragen von damals gar nicht mal so alten Frauen, bevölkerten oft die Wäscheleinen.

Überhaupt war nach Ansicht meiner Großmutter jede Frau, die nicht so ein Teil trug, natürlich auch noch einen Unterrock und am besten noch ein Kopftuch (suddt. „Kuuptichel“), zumindest etwas unanständig. Zum Trocknen wurde die gesamte Wäsche auf den Hof gehängt. Vorher hatte mein Vater die verantwortungsvolle Aufgabe, quer über die gesamte Hoffläche und nach einem bestimmten System die Leinen zu ziehen. Der ganze Hof über der Wiese hing anschließend voll, da wir eine große Familie waren und der Tag in der Waschküche genutzt werden musste. Die Wäsche musste immer so aufgehangen werden, dass die besten Stücke im Blickfeld der Nachbarn hingen und die hundertmal geflickten Geschirrtücher (suddt. „Treichdicheln“) ganz hinten. Manchmal wurde auch ganz neue Bettwäsche und Ähnliches nur zu dem Zweck gewaschen und aufgehängt (vielleicht besser „ausgestellt“), um den lieben Nachbarn zu zeigen, dass man viel mehr und bessere Wäsche hatte als diese. Im Winter wurde die Wäsche hart wie ein Brett und musste nochmals in der Bodenkammer aufgehängt werden. Damit die arg belasteten Leinen nicht rissen, wurden auf dem Hof Wäschestützen unter die Leinen gesetzt. Diese waren aus gutem Rundholz hergestellt und farblos lackiert. Sie waren begehrt, schwer zu bekommen und wurden daher oft und gern geklaut. Auch zum Retten eines fehlgeleiteten Federballs aus der Dachrinne eigneten sie sich hervorragend. Es gab leider auch noch keine Trockenschleudern. Aber da erschien mein Vater eines Tages mit einem Gerät, welches sich „Wäschetrockner“ nannte und etwas eigenartig aussah. Es war zylindrisch, hatte einen halbkugelförmigen Verschlussdeckel und stand auf einer Art Dreibein. Das etwas futuristisch und unheimlich aussehende Gebilde erinnerte entfernt an einen der ersten russischen Sputniks. In seinem Inneren befand sich eine Gummiblase, in die nasse Wäsche gelegt werden sollte. Das diese Blase umschließende Metallgehäuse konnte dann mit einem Wasseranschluss über einen Schlauch verbunden werden. Der Wasserdruck presste dann die Gummiblase mit der darin befindlichen Wäsche zusammen und sollte somit für eine „Entwässerung“ der Wäsche sorgen. Das Ganze funktionierte sogar, aber nur, wenn ein passender Wasseranschluss vorhanden war. Der Wasserhahn in der Waschküche passte natürlich nicht so ganz und durfte auf Geheiß des gestrengen Hausverwalters Krause auch nicht verändert werden. Also presste mein Vater die nicht passenden Teile solange zusammen bis seine Augen etwas vorstanden und er loslassen musste. Dadurch kam er bei diesen Sitzungen regelmäßig in den Genuss von mehreren Vollduschen mit eiskaltem Wasser. Da seine Kräfte natürlich mit der Zeit nachließen, wurden die Abstände zwischen den Duschen immer kürzer und die Restfeuchte der Wäsche immer größer. Nach einer gewissen Zwischenlagerungszeit wurde dann wahrscheinlich der Selbstzerstörungsmodus des „Sputniks“ aktiviert und endlich die erste „echte“ Wäscheschleuder in Trommelform angeschafft. Erst jetzt brauchte mein Vater nicht mehr so oft duschen!

Ich sehe heute noch die Frauen in ihren Gummischürzen vor mir, wenn sie sich am Waschtag quälten. Für uns Kinder war das Ganze eher interessant. Auf dem Hof und in der Waschküche herrschte Betriebsamkeit und allein schon das Feuermachen, das ganze Getümmel und die wiedermal typischen Gerüche hatten etwas Besonderes. Und doch bekamen wir eine unbewusste Ahnung, wie schwer die ganze Arbeit war. Obwohl wir beim Spielen auch nicht immer daran dachten, sahen wir uns doch etwas vor und versuchten, unsere Sachen zu schonen. Es gab auch die Regel noch nicht, nach der sich Kinder beim Spielen richtig schmutzig machen müssten, weil nur das richtig wäre.

Die Waschküche war auch nie ganz ungefährlich, immerhin hatte man es mit Feuer, kochendem Wasser und einem sehr rutschigen Boden zu tun. Mit der letztgenannten Eigenschaft bekam es auch Frau Hein, Martinas Mutter einmal zu tun. Sie war damals (sie möge mir das verzeihen!) noch etwas rundlicher und rutschte in unserem Beisein in ihrer oben erwähnten Waschmontur einmal gewaltig aus und anschließend auf ihrem Hinterteil mit erhobenen Beinen durch die halbe Waschküche. Dabei hielt sie auch noch einen Wäschestampfer fest umklammert, von dem sie sich scheinbar irgendwelche Hilfe zu versprechen schien. Für uns sah das alles schreiend komisch aus, aber sie selbst fand diese unfreiwillige Einlage verständlicherweise nicht allzu heiter. Kleinere Wäsche wurde auch schon mal im Bad gewaschen.

Wir gehörten neben Krause und Hanisch zu den Glücklichen, die über ein eigenes Bad verfügten. Martina freute sich immer, wenn sie mal bei Familie Krause baden konnte. Krauses hatten das Bad damals schon in Wohnung, während Hanisch und wir eine Treppe höher mussten. Trotzdem waren wir froh, denn es verfügte noch längst nicht jede Wohnung in der DDR über ein eigenes Bad. Viele Leute gingen auch in ein Zentralbad, wo gegen ein geringes Entgelt ein Bad genommen werden konnte. In der Kleinwittenberger Franz-Mehring-Straße, in der später

Martina und Dietmar wohnten, befand sich das nächstgelegene Zentralbad und noch bis weit in die achtziger Jahre war am Giebel des Hauses der Schriftzug „Central-Bad“ zu lesen. Hier arbeitete auch viele Jahre die Kleinwittenbergerin Frau Heilemann, bevor sie in den Piesteritzer Zeitungsladen wechselte. Zu Hause bei uns wurde immer freitags gebadet. Viel öfter war das auch nicht möglich, da auch der Badetag jedes Mal gewisser Vorbereitungen bedurfte. So musste als Wichtigstes der Badeofen angeheizt werden. Das geschah mit Holz und Kohle und war gar nicht so einfach. Unser Badeofen war ein gewaltiges Unikum aus dickwandigem Gusseisen und verfügte, ebenso wie sein Pedant in der Waschküche, über eine gewaltige Feuertür. Außerdem befanden sich allerlei geheimnisvoll anmutende Armaturen und Rohre daran, deren Zweck sich mir nie so richtig erschloss. Diesen Ofen hatte mein Vater einstmals im Hafen organisiert, wo er vor seinem Umbau als Pumpspeicher Dienst tat. Er musste langsam hochgeheizt werden, bis er richtig zu brummen begann. Dann wurde an der Mischarmatur über der Wanne erstmal Druck abgelassen und der Badespaß konnte beginnen. Das war besonders im Winter schön. Draußen war es kalt, Eisblumen hatten sich an den Fenstern gebildet und über Kühns Garten waberte, von der Elbe kommend, der Nebel. Vom „Langhals“-Kran im Hafen war nur diffus das Spitzenlicht zu erkennen. Ich saß im warmen Wasser, war glücklich und freute mich schon auf das bevorstehende Wochenende. Später nahm ich beim Baden immer meinen Kassettenrekorder mit und träumte dann, schön in der Wanne liegend, bei den Hits der siebziger Jahre wie „Love Hurts“ von Na- zareth oder Harpos „Horoscope“. Auch tolle Badezusätze gab es damals übrigens schon, meistens mit Fichtennadel-Note. So das bekannte „Bölosan“, ein orangefarbenes Granulat in Papiertüten oder das sogar in der kurzzeitigen DDR-Fersehwerbung (Tausend Tele-Tipps) gezeigte „Badusan“. Ich kann mich noch gut an den Werbesong „Baden mit Badusan“ erinnern. Wer besonderes Glück hatte, verfügte sogar über „Bade-Tabletten“. Für die Kopfwäsche gab es unter anderem kleine, durchsichtige Plastekissen mit einer Portion „Ei-Shampo“ und andere Körperwaschmittel in manchmal tollen Farben. Diese Dinger waren schön anzusehen, aber schwer zu öffnen. Da man in der Badewanne eher selten Messer oder Schere parat hatte, wurde meist mit Hilfe der mehr oder minder scharfen Schneidezähne versucht, das prall gefüllte kleine Kissen an einem der Zipfel zu öffnen. Prompt landete dann zumindest ein Teil des Inhaltes in der Mundhöhle statt auf dem Kopf. Einer der Vorteile dabei war ein anschließend recht sauberer Mund, aber als recht nachteilig erwies sich der Geschmack und das fehlende Shampoo für den Kopf. Außerdem stieß man, wegen des Missgeschickes heftig fluchend, auch noch eine ganze Zeit lang Schaumblasen aus, was etwas irritierend war.

Nebenan befand sich, wie bereits erwähnt, das Bad der Familie Hanisch. Durch die geschilderten Verhältnisse im Haus sprach keiner mit den Hanischs, auch nicht mit der Tochter Angela, die nur wenig älter als ich war. Ich fand das manchmal ziemlich blöd, aber es war halt so und Angela war auch ziemlich schnippisch und beachtete uns ebenfalls nicht. Manchmal, wenn ich dann gemütlich mein geliebtes Freitagsbad nahm, wollten mich meine Kumpels abholen. Da sie wussten, wo ich um diese Zeit meistens war, polterten sie die Treppe herauf und klopften lautstark an die Badtür, was mir so gar nicht gefiel. Ich wollte das Bad genießen und beeilte mich daher auch nicht sonderlich. Auf einmal wurde es dann verdächtig ruhig und es dauerte eine ganze Weile, bis ich den Grund dafür herausfand. Die Spitzbuben hatten einfach bemerkt, dass nebenan Angela badete, und äugten gierig durch das Schlüsselloch. Irgendwann schöpfte auch Angela Verdacht und seitdem hing ein Handtuch von innen vor dem Schlüsselloch. Einer meiner Kumpels war schwer verliebt in Angela, die ihn nach eigener Aussage an die Rock-und-Pop-Ikone Bonnie Tyler erinnerte. Ich muss gestehen, auch ich spürte ein ganz schönes Kribbeln, wenn ich Angela nebenan wusste. Dazu noch die Balladen aus meinem Rekorder und ich driftete ganz weit weg in meiner Badewanne. Aber unser Los war vorgegeben – wir mussten uns mit Nichtbeachtung strafen!

Schon meine Schwester Medy badete freitags gern, aber anders als später bei mir warteten ihre Freunde wenigstens unten im Hausflur auf sie. Trotzdem wunderte ich mich, als sie einmal vom Bad aus lautstark nach einem gewissen „Suppe“ rief, bis ich dann mitbekam, dass ihr damaliger Freund Jochen Köcher gemeint war. Auch Botte und Bonker waren mit da. Es waren Freunde meines Cousins Dietmar und für mich tolle Typen. Sie bleiben untrennbar mit jener Zeit verbunden.

Ich muss auch immer schon ein großer Freund des Badens gewesen sein, wie ich mir habe sagen lassen. Ich wollte als Kind nie aus der Wanne und wenn der Abflussstöpsel gezogen wurde, setzte ich mich mit meinem kleinen Hintern schreiend auf die Abflussöffnung und weigerte mich standhaft, die Wanne zu verlassen. Meine Eltern, durchgeschwitzt und mit dem Handtuch in der Hand, waren dann irgendwann kurz vor dem Ausrasten. Meine Mutter hatte noch mehr als mein Vater mit sich zu kämpfen, denn sie hatte „Reischdärfer Blut“ und „kaane Buttermilch“ in den Adern. So gelang es dann meist meinem Vater, die „Badesitzung“ relativ glimpflich zu beenden, aber auch er war dann schon ziemlich genervt. Aber wenn Baden nun Mal so schön ist …!

Samstags war das Wasser im Badeofen immer noch warm und konnte zum Wäschewaschen verwendet werden. Das war der Vorteil dieses großen Ungetüms von Badeofen, der auch mit seinen dicken, gusseisernen Wänden von jeder Norm abwich.

An dieser Stelle möchte ich erstmal das Haus und auch das Bad verlassen und wieder in unser Umfeld eintauchen. Ich nehme den Leser mit in die damals noch zahlreichen Läden Kleinwittenbergs und zu deren Besonderheiten. Hier erledigten wir die meisten unserer Einkäufe – sie waren ein wichtiger Teil unseres Lebens und bleiben unvergessen.

V) Handel und Handwerk in Kleinwittenberg

Kleinwittenberg besaß damals erstaunlich viele kleine Läden, darunter auch durchaus einige besondere, wie z.B. die Schifferkantine. Viele dieser Läden hatten private Inhaber und gaben zusammen mit der Schifffahrt, dem Hafen, der Fischerei und etlichen kleinen Unternehmen dem Ort ein unverwechselbares Gepräge. Die Vielfalt und Anzahl war für so einen kleinen Ort auch zu dieser Zeit ziemlich ungewöhnlich. Wenn ich im Winter des Morgens meinen Kumpel Peter Herrmann auf den Weg zur Schule abholte, dann brannte in vielen kleinen Schaufenstern schon das Licht. Besonders die Bäcker hatten schon die erste Arbeit hinter sich und es roch köstlich nach frischen Backwaren, am spürbarsten in der Weihnachtszeit. Ich werde auch nie das anheimelnde Gefühl vergessen, welches mich stets ergriff, wenn sich das Licht der Schaufenster im frisch gefallenen Schnee brach. Allein schon Bäcker gab es etliche, aber am meisten gingen wir zu Bäcker Strobel gleich um die Ecke, in der Robert-Koch-Straße. Der Laden wurde von Mutter und Tochter betrieben. Der Vater war, wie leider so oft in dieser Zeit noch spürbar, wahrscheinlich im Krieg geblieben. Die Hinterbliebenen mussten dann das Geschäft allein weiterführen, was sicherlich nicht leicht war. Trotzdem war Frau Strobel für uns eine alte Vettel und befand sich meistens in der Backstube. Dorthin brachte mein Vater zur Weihnachtszeit meistens sechs große, selbst gefertigte Stollen zum Backen. Zu diesem Zwecke hatte er als gelernter Tischler extra ein schön sauberes, stabiles Brett gefertigt, auf dem er nun die Stollen trug. Weil das Gewicht von Brett und Stollen nicht unbeträchtlich war und er in der Backstube niemand erblicken konnte, wollte er das Ganze erst einmal irgendwo abstellen. Da erscholl aus dem noch kalten Backofen die barsche Aufforderung: „Stell'n Se den Klitsch woanders hin!“ Die liebe Frau Strobel nahm gerade die Asche aus dem großen Backofen und wies in ihrer gesamten Erscheinung, einschließlich der in alle Himmelrichtungen vom Kopf abstehenden rötlichen Haare, eine verblüffende Ähnlichkeit mit einer besonders bösartigen Hexe aus einschlägigen Märchen auf. Die Tochter, „Reni“ genannt, war das ganze Gegenteil ihrer Mutter und das erstaunt mich bis heute. Reni war eine bildhübsche, blonde Frau und bediente im Laden. Sie hatte immer ein freundliches Lächeln auf den Lippen und ein nettes Wort für jeden Kunden übrig. Damals dachte ich ernsthaft, dass die alte Vettel die schöne Reni nur entführt haben kann, aber das stimmte wahrscheinlich nicht so ganz.

Meine Großmutter war wegen der Bezeichnung ihrer Stollen als „Klitsch“ natürlich sehr erzürnt, hatte sie doch mühselig das ganze Jahr über schwer zu bekommende Zutaten wie Zitronat, Mandeln, Rosinen und dergleichen gesammelt (vieles aus den wenigen Westpaketen). Nachdem sie alles in einem alten Steintopf in der „Almet“ (suddt. für „Speiseschrank“) in der „Speis“ (suddt. für „Speisekammer“) gesammelt, gelagert und vor uns Kindern gut behütet hatte, machte sie sich in der Weihnachtszeit an das Werk. Mit großem Arbeitsaufwand bereitete sie kunstfertig ihre köstlich schmeckenden Stollen zu, die nun „Klitsch“ sein sollten. In ihrem Sudetendeutsch fuderte sie dann über Frau Strobel als „Hexe“(suddt. „Hax“), „blödes Vieh“(suddt. „bleeds Viech“), bis sie sich beruhigt hatte.

Die Produkte der Bäckerei waren aber auch gut und so manches schmeckte sogar köstlich. Oft ließen wir Kinder uns auch von Reni Kuchenränder schenken oder kauften für sieben Pfennige ein Stück Einback (streifenförmige, aneinandergebackene Kuchenbrötchen) oder ein Eierplätzchen. Für mehr reichte es meistens nicht. Meine Großmutter und auch die „Geldverantwortlichen" bei meinen Kumpels haushalteten damals noch sparsam. Ein Vierpfund-Mischbrot kostete 1,24 Mark und 1,25 Mark bekam man oft auch nur mit. Das frische Brot duftete unwiderstehlich und nur selten konnte ein Biss in den Kanten vermieden werden. Das gab dann regelmäßig Ärger, auch weil das Brot an seinen Enden so aussah, als wäre es starkem Mäusebefall ausgesetzt gewesen.

Eines Tages aber, so Anfang der siebziger Jahre, war der Laden zu und die schöne Reni weg. Zum Glück gab es aber nur ein paar Schritte weiter noch mehr Bäcker. Fortan gingen wir meistens zu Bäcker Turm (später Bäcker Walter), der sich am Kleinwittenberger Marktplatz befand. Auch Bäcker Brauer, gelegen an der Dessauer Straße, bot wunderbaren Kuchen an. Alle hatten ihre Besonderheiten, auch der unweit von Bäcker Strobel gelegene Konsum oder gegenüber Fleischer Lindemann. Jeder Laden hätte es verdient, auf ihn einzugehen aber dies würde den Rahmen dieses Buches sprengen und soll eventuell einem weiteren Buch von mir vorbehalten bleiben. Daher möchte ich mich hier auf einige wenige, aber dafür typische Beispiele beschränken.

Unbedingt erwähnt werden muss auch ein alter Schreibwarenladen in der Mitte unserer „Carneby-Street", an den sich heute wahrscheinlich nur noch wenige erinnern, nämlich „Wiefelstede“. Mein Vater besuchte nach eigenen Aussagen den Laden gern, bekam er doch dort so manchmal Dinge, die er während des Studiums benötigte und die nicht so einfach zu bekommen waren. Auch manch rare Postkarte war dort zu haben. Inhaberin war Ida Wiefelstede, die den Laden von ihrem Mann Karl, den ich nicht mehr kennenlernte, weiterführte. Der Verkaufsraum war immer dunkel und sehr breite, uralte Dielenbretter bildeten den Fußboden. Eine 25-Watt-Glühbirne an der Decke sorgte für eine diffuse Beleuchtung. Aus irgendwelchen hinteren Räumen kommend, erschien dann die alte Frau Wiefelstede lautlos im Laden. Sie war hochgewachsen und trug fast immer irgendwelche dunklen Kleider. Ihr stechender, von oben geworfener Blick ließ einen in dem ohnehin schon düsteren Ambiente frösteln und die Verweildauer im Laden auf ein Minimum beschränken. Ich glaube mich zu erinnern, dass mein Bruder Harry einmal sogar aus dem Laden geflohen ist. Die arme, alte Frau tat niemandem etwas, aber für uns Kinder war es irgendwie gruselig schön und beim Verlassen des Ladens war immer das Gefühl präsent, gerade einer schlimmen Gefahr entronnen zu sein.

Zur Faschingszeit rannten wir immer mit dem Ruf „Asche kehren, Asche kehren“ durch alle Läden und erwarteten eine milde Gabe. Bei Frau Wiefelstede trauten sich nur die ganz Tapferen rein und kamen dann glücksstrahlend mit einem großzügig geschenkten Löschblatt wieder heraus. Dann gab es noch Fleischer Lindemann, dessen Verkaufsladen und Fleischerei eine Ecke von Robert-Koch-Straße und Hermann-Kürschner-Straße bildete. Diese Ecke wurde von uns nur „Fleischerecke“genannt und war später für meine Kumpel und mich ein beliebter Treffpunkt. Die

Fleischerei hatte eine lange Tradition und unten am Elbufer lag das Versorgungsboot von Fleischer Lindemann, mit dem er die Schleppzüge auf der Elbe versorgte. Wenn die Dampfer nicht in Kleinwittenberg vor Anker gingen, legte er mit diesem Boot an den in Fahrt befindlichen Schleppzügen an, um seine Waren zu verkaufen. Das Anlegemanöver war nicht ganz einfach und musste gekonnt sein. Auch wurden die Schweineköpfe für die im Anker servierte köstliche Sülze und vieles mehr durch ihn geliefert. Die Sülze wurde vom Wirt des „Goldenen Anker“ in begrenzter Anzahl hergestellt. Sie hatte die Form einer Kaffeetasse und wurde mit feingehackter Zwiebel, etwas Essig und einer frischen Scheibe Weißbrot serviert. Erich Straach, der Wirt des „Goldenen Anker“, hatte gute Gewürze und viel Geschick verwendet. Daher schmeckte die Sülze einfach wunderbar und mein Cousin Dietmar verzehrte gleich neun (!) Stück davon. Als er die zehnte Sülze bestellen wollte, warf ihn Erich Straach einfach hinaus. Ich selbst habe seit dieser Zeit auch nie wieder eine vergleichbar köstliche Sülze gegessen.

Wie anfangs bereits erwähnt, grenzte die Fleischerei direkt an unseren Hof und bildete eine Seite davon. Der Geruch des Geräucherten und das Summen der Maschinen war somit auch ein Teil unseres Erlebens. Dann gab es unten an der Elbe noch die Schifferkantine. Wie der Name schon sagt, war diese speziell für die Versorgung der Schifffahrt gedacht, aber Einkaufen konnte dort jeder. Manchmal gab es gerade in diesem Laden etwas Besonderes. Oft wackelte ich an der Hand meiner Großmutter, die immer ihre alte Einkaufstasche (suddt. „Tosch“) und ein Kopftuch (suddt. „Kuuptichel“) trug, nach unten zur Elbe.

Ich kann mich gut erinnern, wie ich mich immer darauf freute, vielleicht einen besonderen Lutscher oder Ähnliches zu bekommen. Festgemacht am Elbufer lagen oft riesige Schleppzüge mit einem großen Schaufelraddampfer an der Spitze. Diese Bilder und Empfindungen haben sich unauslöschlich bei mir eingeprägt.

An der Ecke Hermann-Kürschner-Straße und Dessauer Straße (damals „Straße der Neuerer") gab es ein kleines Fischgeschäft, an dessen ebenso kleinem Aquarium ich mir oft die Nase platt drückte, um die darin schwimmenden Fische zu bewundern. Vater Niebel aus der Robert-Koch-Straße, dessen jüngerer Sohn mit meinem Bruder Harry befreundet war und ganz gern dummes Zeug redete, verlangte einmal „drei von den vergammelten Heringen". Die Verkäuferin blickte missbilligend und ich musste laut prustend den Laden verlassen.

Ich möchte auch noch den Lebensmittelladen von Erwin Bliedtner in der Robert-Koch-Straße erwähnen. Inhaber war, wie der Name schon sagt, der alte Herr Bliedtner. Der Laden selbst war ein typischer Vertreter des alten Stils der Kolonialwarenläden. Es wurden neben vielen Dingen auch Lebensmittel verkauft und wie zu dieser Zeit oft noch üblich, vieles lose aus dem Fass oder anderen Behältnissen. Das Geruchsgemisch von Kaffee, Süßigkeiten, Bratheringen und all den anderen Waren war etwas merkwürdig, aber nicht unangenehm und ist in meiner Erinnerung für immer mit diesem Laden verknüpft. Der Weg zum Joly-Park oder zu neuen Abenteuern führte uns oft erst einmal in diesen Laden. Für 25 Pfennige bekam man schon einen riesigen Brathering. Ich habe später nie wieder solch große Exemplare gesehen. Der Brathering war innen schön weiß, hatte nur eine Mittelgräte und schmeckte sehr gut. Zusammen mit einem Brötchen bildete er für uns eine köstliche Mahlzeit. Manchmal reichte es auch nur für eine Spitztüte Sauerkraut, nun ja, das musste dann eben auch reichen. Wir litten keinen Hunger, bekamen auch zu Hause ausreichend zu essen, aber das war halt etwas Besonderes für uns. Das denkmalgeschützte Haus steht immer noch und von hinten sind auch die uralten Türen zu sehen, durch die Ware angeliefert wurde. Oft konnte ich als Kind zusehen, wie z.B. das schon erwähnte recht betagte Lieferauto der Firma „Runze“ Getränke anlieferte.

Im mittleren Teil der Grünstraße, an der Ecke zur Franz-Mehring-Straße befand sich noch Fleischer Österitz. Das Merkwürdige an diesem Laden war das völlige Fehlen von Kühlräumen. Ich ging oft am Sonnabend mit meiner Mutter zu diesem Fleischer und manchmal wurde uns auch etwas nach Hause gebracht. Wir kauften in meiner Kindheit im Sommer bestimmte Waren, wie z. B. auch Gehacktes, so gut wie gar nicht. Das hing sicherlich mit diesen fehlenden Kühlmöglichkeiten zusammen. Obwohl heute alles ganz anders ist, habe ich immer noch gewisse Hemmungen, im Sommer bestimmte Lebensmittel zu kaufen.

Die Fleischerei Ballmann befand sich ganz in unserer nächsten Umgebung, in der Robert-Koch-Straße, unweit des Marktplatzes. Zu diesem Fleischer durften wir aber nicht mehr gehen. Meine Großmutter hatte beobachtet, wie die alte Frau Ballmann Wurst aufschnitt und dabei natürlich ihre Hände sehen ließ. Zwischen ihren Fingern muss eine Entzündung zu sehen gewesen sein und da war es für meine reinliche Großmutter vorbei. Seitdem sprach sie immer davon, dass Frau Ballmann mit diesem Makel (suddt. „Grind on de Pfuten“) Fleisch und Wurst verkaufte.

An der Ecke der Dessauer Straße/Lugstraße war ein Gemüseladen zu finden. Im Film „Sonnenallee“ ist übrigens das damalige Angebot dieser Läden sehr schön dargestellt. Meist waren nur verschiedene Kohlsorten, Kartoffeln, Äpfel und ähnliches im Angebot. Ergänzt wurde der „appetitliche“ Anblick der in Holzstiegen feilgebotenen Waren durch die „Schaufensterdekoration“, welche meist aus allerlei Konservenbüchsen bestand. Es gab in der DDR aber auch Epochen, in denen Kokosnüsse und andere für uns exotische Dinge zu haben waren. Wenn es aber später wirklich einmal die begehrten Südfrüchte zu kaufen gab, dann natürlich immer nur in begrenzter Menge. Die Verkäuferinnen wussten oft auch genau, wie groß die einzelnen Familien waren. Verlangte man dann sechs Bananen, konnte daher prompt die Antwort erfolgen: „Ihr seid nur fünf“ und bekam so auch nur fünf . Rechts in dem kleinen Laden stand eine große Kühltruhe. Der Deckel war natürlich nicht transparent und so konnten wir nur vermuten, ob sich darin das von uns als Kinder so begehrte Speiseeis befand oder nicht. Das war durchaus nicht immer der Fall und wenn doch, dann handelte es sich meist um gelbe, halbdurchsichtige Plastebecher mit Schoko- oder Vanilleeis. Der Wasseranteil überwog bei diesem Eis recht deutlich und so war das Ganze auch hart wie ein Granitstein gefroren. Ein in dem Becher befindlicher hölzerner Spatel soll te beim Verzehr des „Steines“helfen, zerbrach aber beim ersten Versuch schon splitternd. Also musste etwas gewartet werden, bis das Eis weicher wurde. Dann konnten auch schon mal die kleinen Plastiklöffelchen Verwendung finden, die es in verschiedenen Farben gab und auf dem Stiel immer einen Namen, wie z. B. „Peggy“ trugen. Wie so vieles, waren auch diese kleinen Löffel Objekt unserer Sammelwut. Besonders begehrt waren auch Wassermelonen, die es aber auch recht selten und dann natürlich auch nur in begrenzter Stückzahl gab. Die beiden Verkäuferinnen konnten kaum unterschiedlicher sein. Die eine trug ihre blondgefärbten Haare zu einer kunstvollen Frisur gebunden, war stark geschminkt, tat etwas fein und wäre in einer Boutique wahrscheinlich besser aufgehoben gewesen. Die andere Verkäuferin passte da schon eher zu ihren feilgebotenen Waren. Erwähnung finden sollte auch noch der Milchladen Noffke an der Dessauer Straße, neben dem heute noch existierenden Fernsehladen Schnee. Die Inhaberin, Frau Noffke, trug ein riesiges Feuermal, welches fast eine ganze Gesichtshälfte bedeckte. Natürlich konnte die Frau dafür nichts, ich habe mich aber trotzdem immer ein wenig geekelt. Oft holten wir in ihrem kleinen Laden Milch. Diese wurde damals noch über eine Handpumpe in die mitgebrachten Behältnisse gefüllt. Ich kann mich noch gut erinnern, wie Dietmar und ich mit einer Blechkanne loszogen und beobachteten, wie Frau Noffke die Milch pumpte. Die Pumpe hatte zwei große, senkrecht über der Pumpe abgebrachte Schaugläser, durch welche die Milch beim Pumpen lief. Im Winter liefen wir dann durch die oft tief verschneiten Straßen zurück und freuten uns schon, wenn es mal heißen Kakao (suddt. „Kackau“) gab und wir dabei „Meister Nadelöhr“ sehen konnten. Außer Milch konnten auch noch Milch, Käse, Eier und anderes erstanden werden.

Nur ein paar Schritte vom Milchladen entfernt, befand sich der Schmuck- und Uhrenladen Endruschat. Wie oft drückten wir uns an den beiden Schaufenstern die Nasen platt und bewunderten die ausgestellten „Schätze“! Die Armbanduhren gab es schon ab ca. 30 Mark, Taschenuhren ab 12 Mark, aber diese Summen waren für uns als Kinder und Jugendliche sehr groß und lange Zeit nicht aufzubringen. Mein Cousin Dietmar bekam seine erste Armbanduhr im Leben zu seinem 14. Geburtstag von der alten Frau Hilgenhof geschenkt. Wahrscheinlich hatte sie diese Uhr in diesem Laden erstanden und Dietmar war fassungslos vor Freude. Später kaufte er sich mit Vorliebe dort die hübsch aussehenden Krawattennadeln, obwohl er gar keine Krawatte besaß. Mich begeisterten auch immer Manschettenknöpfe oder kleine Kettchen mit einem Kreuz. Ganz stolz kaufte ich mir so ein goldenes Kettchen, dessen Kreuz auch noch mit roten Strasssteinchen besetzt war. Auch die sogenannten Seemannsgräber waren sehr beliebt. Diese bestanden aus einem Kettchen, an dem sich ein Anker, ein Herz, ein Tau und ähnliche Dinge befanden. Alles war schön golden blinkend, ungeheuer kitschig und begeisterte uns. Auf diesen Laden sowie auch manche andere komme ich nochmals bei der Schilderung der nächsten Jahre zurück.

In der Nähe gab es auch noch einen Blumenladen, Bäcker Röder, einen Haushaltswarenladen, einen Fleischer, den Fernseh- und Rundfunkladen Schnee und den bekannten „Lampen-Küllig“. An der Ecke Hufelandstraße und damit am Ende von Kleinwittenberg, war die Gaststätte „Stadt Wittenberg“, besser bekannt als „Jarosch“zu finden. Heute befindet sich hier das Café „Mona Lisa“. Ich möchte dieses Kapitel auch nicht abschließen, ohne jenen kleinen Konsumladen, gleich bei uns um die „Fleischerecke“ gelegen, zu erwähnen. Er befand sich in der Robert-Koch-Straße, schräg gegenüber Fleischer Lindemann und nur ein paar Schritte von Bäcker Strobel entfernt. Auch hier kauften wir des öfteren ein, da diese Läden am allernächsten lagen. Auch hier kauften wir manchmal die begehrte rote oder grüne Brause von „Runze". Auch die „Kühle Blonde" der Wittenberger Getränkefirma Richter schmeckte köstlich. Ich sehe heute noch das dreieckige Etikett vor mir, auf dem die bewusste „Kühle Blonde" mit einem Sonnenhut auf und einem Strohhalm im Mund das Getränk zu sich nahm. Die Flaschen hatten zu jener Zeit einen „Schnepsverschluss" mit Gummidichtung und wurden in halbhohen Kisten mit Eisengriffen angeliefert. Der Verschluss hatte den Vorteil, dass die Flasche wieder richtig geschlossen werden konnte. Zu Hause konnte die Brause auch besser eingeteilt werden, denn es war noch nicht die Zeit, beliebige Mengen davon zu kaufen, mithin war auch diese Brause etwas Besonderes. Meistens wurden nur zwei, drei Flaschen davon gekauft und eingeteilt. Hatte man sein Glas zu gierig geleert, dann erfolgte meistens der Spruch: „So, jetzt hast du alles auf einmal ausgekuddelt, jetzt kriegst du nichts mehr!" Also musste man auf das allseits beliebte Brausepulver aus den kleinen Tütchen oder den unbeliebten Sirup zum Verdünnen zurückgreifen. Abends gab es meistens Tee und das war auch gut so, denn das Brausepulver war meistens alle. Wir hatten es nämlich sehr oft mit angefeuchtetem Zeigefinger aus der Tüte auf unsere Zungen transportiert. Es schmeckte schön süß und kribbelte angenehm im Mund, war dann leider aber auch zu schnell alle.

Es gäbe noch viele dieser Anekdoten um die kleinen Läden zu erzählen, es gab so viele dieser kleinen Läden, die es wert gewesen wären, erwähnt zu werden, aber irgendwo muss ich leider einen Strich ziehen. Unbestritten bleibt aber, dass jeder davon einzigartig war und einen wichtigen Teil der Kleinwittenberger Kulisse bildete.

VI) Der Joly-Park

Ohne eine Erwähnung des Joly-Parks bliebe jede Beschreibung Kleinwittenbergs, außer was die heutige Zeit betrifft, höchst unvollständig. Dieser Park wurde Anfang des vorigen Jahrhunderts vom Geheimen Kommerzienrat Hubert Joly angelegt. Wer mehr über diese beeindruckende Kleinwittenberger Persönlichkeit, dessen Grabmal sich übrigens auf dem Kleinwittenberger Friedhof befindet, erfahren möchte, dem sei vor allen Dingen das Buch des unlängst verstorbenen Karl Jüngel empfohlen. Ich möchte mich daher auf meine eigenen Erlebnisse und Empfindungen, sowie auf die Schilderungen meiner Freunde und Verwandten beschränken. Der Park war nicht groß und befand sich nur einen Steinwurf von der Elbe und unserem zu Hause entfernt. Typisch für den Park waren die zur Abstützung verwendeten Schlackensteine aus dem Kleinwittenberger Eisenwerk, dessen Gründer und Besitzer jener besagte Hubert Joly über viele Jahre war. Überall im Park gab es die verschiedensten Bäume und Büsche, und oft bauten wir uns im Dickicht Höhlen. Darin war man gut versteckt und konnte allerlei Unsinn treiben, aber darauf komme ich noch bei der Beschreibung der siebziger Jahre zurück.

Durch den ganzen Park zogen sich Trampelpfade und an verschiedenen Stellen standen Bänke. Gar manches kleine Abenteuer begann oder endete hier. An den Park grenzte eine kleine Fläche in Richtung Elbe an, die eine Art Moor umfasste. Einst versanken darin zwei Pferde und konnten wohl nicht mehr gerettet werden. So erzählte es jedenfalls oft mein Vater. Zu unserer Zeit war aber schon alles trockengelegt und jetzt befand sich hier ein kleiner Asche-

und Müllabladeplatz. Das war natürlich Frevel an der Natur und der Platz wurde auch irgendwann beräumt. Für meinen Schulkumpel Peter und mich war aber auch der Ascheplatz interessant. Auf unserem Nachhauseweg von der Schule machten wir oft gerade hier halt, zündelten herum und trieben irgendwelchen Unfug. Auch ließ sich meist noch zwischen dem Müll noch etwas finden, das wir gebrauchen konnten. Als das Müll- und Ascheabladen verboten wurde, überwachte auch hier der wohl unvermeidliche Polizist P. die Durchsetzung des Edikts. Bei einer seiner „Müllfahndungen" entdeckte er doch tatsächlich einen weggeworfenen Pappkarton mit alten Schulheften meiner Schwester Medy. Natürlich befand sich auf den Heften noch der Name und war ungeschickterweise nicht entfernt worden. Das brachte meinen Vater in erhebliche Erklärungsnöte. Mit Vorliebe versteckte sich der eifrige Ordnungshüter auch in den Büschen, wobei ihm seine froschgrüne Uniform eine gute Tarnung verlieh. Wenn dann jemand ein Stück Papier oder eine leere Zigarettenschachtel wegwarf, sprang er sofort aus dem Gebüsch und schon war die wohlbekannte Aufforderung „Ausweis" zu hören.

Auf alle Fälle wirkte der Park aber geheimnisvoll und als Kind hätte ich mich im Dunkeln wohl nicht allein hineingetraut. Wenn der Nebel von der Elbe her aufzog, der Wind in den Bäumen säuselte und die Gruselgeschichten der Altvorderen im Kopf zum Leben erwachten, dann war man immer so gar nicht mutig. Im späteren Alter, mit den Kumpels, war das natürlich kein Problem mehr. Erst recht nicht, wenn auf einer der Parkbänke die erste Verabredung (auf neudeutsch „Date") mit einem Mädchen anstand. Dann war alles wunderschön, ebenso wie die Tage in den Sommerferien. Die Sonne schien durch das durch das Blätterdach und der Kassettenrekorder lief. Cat Stevens ließ sein gerade erschienenes „Morning has broken“ hören und ich freute mich schon wahnsinnig auf die Abenteuer des Tages, auf die Verabredungen und auch auf irgendwelche Tauschgeschäfte mit meinen Kumpels.

Auch mein Cousin Dietmar und dessen Kumpels trafen sich oft im Joly-Park. Wenn Dietmars Sinne nicht gerade mit anderen Dingen beschäftigt waren, beobachtete er auch gern die zahlreichen kleinen Eidechsen (oder Salamander?), die auf den von der Sonne beschienenen Schlackesteinmauern umherliefen.

VII) Dr. med. Dosch

Sehr zur geheimnisvollen Ausstrahlung des Parks trug sicherlich auch ein Mann bei, den viele Menschen und natürlich alle Kleinwittenberger kannten: der Arzt Dr. med. J. Peter Dosch. Dieser bewohnte eine große Villa im Joly-Park und war über die Grenzen der DDR hinaus aufgrund seiner medizinischen Leistungen bekannt. Die Villa und die Fahrzeuge des Arztes zeugten für die damaligen Verhältnisse von großem Wohlstand und als Kinder rätselten wir oft, ob die goldfarbenen Äskulap-Symbole des Arztes an seinem kunstvoll geschmiedeten Eingangstor wohl aus echtem Gold seien (waren sie natürlich nicht!). Ich kann mich aber an niemanden erinnern, der Dr. Dosch irgendetwas neidete. Im Gegenteil, er wurde überaus geschätzt und von vielen sogar verehrt. Dr. Dosch unternahm mit seinen zwei großen schwarzen Hunden morgens immer einen Dauerlauf im Park. Er lief auch im Winter immer barfuß durch den Schnee. Zeitweise trug er einen dunklen Vollbart und wenn einem beim Begegnen ein Blick aus seinen ebenso dunklen Augen traf, dann hatte man schon mehr als Respekt. Er verfügte über ein nur ganz selten anzutreffendes Charisma. Verbunden natürlich auch mit dem Nimbus des Arztes, war diese Ausstrahlung fast unglaublich. Er musste aber auch wirklich ein sehr fähiger Arzt sein und weit über dem Durchschnitt stehen. Jeden Samstag war die ansonsten fast autofreie Robert-Koch-Straße mit den Autos der Patienten von auswärts vollgestellt, die Hilfe in seiner Privatsprechstunde suchten. Dies war zu DDR-Zeiten durchaus ungewöhnlich, zumal die Patienten oft von weit entfernten Orten kamen und noch wenige Menschen ein

Auto ihr Eigen nannten. Ebenso ungewöhnlich war zu jener Zeit, dass er bereits mit Akupunktur und Hypnose (natürlich nicht ausschließlich) experimentierte. Und das alles im wirklich kleinen Kleinwittenberg! Natürlich gab es auch Gerüchte über in den hervorragend ausgebauten Kellerräumen stattfindende Gruppensex-Partys. Keiner konnte sagen, ob das stimmte. Für uns Steppkes reichte natürlich das Gerücht. Verzweifelt versuchten wir die hohen Tore zu überwinden, um einen Blick durch die Kellerfenster werfen zu können. Der in uns wahrscheinlich angestaute Voyeurismus hatte aber keine Chance, sich zu entfalten.

Dr. Dosch war aber keinesfalls einer jenen hochnäsigen Mediziner, die nur allzuoft anzutreffen sind. Er behandelte jeden Patienten gut und wies auch am Wochenende oder nach der Sprechstunde keinen wirklich dringenden Fall ab. Mein Cousin Dietmar verletzte sich als Kind mal ziemlich schwer am Bein. Natürlich war es Wochenende und so setzte meine Mutter Dietmar kurzerhand in einen Handwagen (wie gesagt, etwas anderes hatten damals nur wenige) und fuhr ihn in den Joly-Park zu Dr. Dosch. Der nahm sich sofort des kleinen Patienten an und versorgte die Verletzung kunstgerecht. Es blieb nur eine kleine Narbe am Knie zurück, die meinen Cousin sicherlich noch heute an den Vorfall erinnert.

Wenn Dr. Dosch erwähnt wird, darf eine Person in diesem Kontext nicht fehlen: Fräulein Schiele. Fräulein Schiele war über lange Jahre eine der Sprechstundenhilfen (heute unbedingt „Arzthelferin" sagen – ja, niemals vergessen!) Die Frau war echtes Kleinwittenberger Urgestein, wie auch ein Grab auf dem Kleinwittenberger Friedhof zeigt. Dort ruht mit Ferdinand Schiele einer ihrer Kleinwittenberger

Vorfahren und jetzt auch leider Fräulein Schiele selbst. Sie ging ganz im Dienst bei und für Dr. Dosch und dessen Patienten auf. Erstaunlich war es auch, dass sie sich in Jahrzehnten äußerlich kaum veränderte. So ist sie mir auch im Gedächtnis geblieben, mit ihren zu einem Zopf gebundenen, rötlichen Haaren. Manchmal kam mir in den Sinn, ob nicht Dr. Dosch ihr ein von ihm entwickeltes, geheimnisvolles Mittel verabreichte, um den Alterungsprozess zu verlangsamen. Diese Vermutung ist aber natürlich zu weit hergeholt, wie ich gern zugebe. Fräulein Schiele wohnte unweit des Joly-Parks in jenem großen Eckhaus, in dem der bereits erwähnte Lebensmittelhändler Erwin Bliedtner sein Domizil hatte. Erwähnt werden sollte auch noch die die Tätigkeit Dr. Doschs als Ringarzt in den am Wochenende meist im Saal der Pappelbrücke stattfindenden Boxkämpfen. Es ist heute kaum noch zu glauben, aber Piesteritz war damals eine Hochburg des Boxsports und auch hier wirkte Dr. Dosch überaus erfolgreich. Vom anderen Ringarzt, Dr. Lominski, ist eher wenig zu berichten. Hiermit möchte ich erstmal meinen kleinen Streifzug durch den Joly-Park beenden (Keine Angst – ich nehme ihn im Buch auch wieder auf!) und etwas zu ein paar typischen Kleinwittenberger Kneipen schreiben.

VIII) Die Kleinwittenberger Kneipen

Auch bei diesem Kapitel muss ich mir wirklich Mühe geben, mich nicht zu verzetteln, denn es gäbe auch bei diesem Thema unendlich viel zu erzählen. Erstaunlich ist auch hier wiederum, dass, ähnlich wie bei den Läden, so ein kleiner Ort über so viele Gaststätten verfügte. Untrennbar ist die Geschichte vieler Kleinwittenberger Gaststätten mit der Geschichte Kleinwittenbergs als Fischer- und Schifferort verbunden. In den sechziger und siebziger Jahren, zu unserer Zeit also, war davon in diesen Gaststätten nur noch ein Abglanz zu spüren. Mein Vater, der erstmals 1952 Kleinwittenberger Boden betrat, hatte davon natürlich noch vielmehr gespürt. Er hatte bei seiner damaligen Tätigkeit als Wasserschutzpolizist auch wesentlich mit der Schifffahrt und allem. was damit zusammenhing. zu tun. Aber auch für uns blieben diese Lokalitäten ein bedeutender Treffpunkt und Ausgangsbasis vieler unserer Erlebnisse zu jener Zeit.

Direkt an der Elbe gelegen, gab es den „Goldenen Anker“ und das „Schiffchen“. Beide Gaststätten hatten eine große Vergangenheit, die fast bis zur Gründung Kleinwittenbergs zurückreicht. Sie waren einst Vereinslokale der Kleinwittenberger Schiffervereine und große Veranstaltungen und Feiern fanden darin statt. Während im „Schiffchen“ meist die Kapitäne und Steuerleute logierten, waren im „Goldenen Anker“ vorwiegend die Bootsmänner und anderes „mittleres“ Personal zu finden. Später, vor allem nach dem Ende der Dampfschifffahrt und als wir begannen, diese Lokalitäten aufzusuchen, hatte sich vieles geändert. Trotzdem bevölkerten viele Originale den Schankraum und immer war etwas los. Die Terrasse, direkt zur Elbe zu, war zur schönen Jahreszeit immer voll besetzt und der Wirt servierte durch die hochgeschobenen Fenster des Gastraumes. Außerdem wuchs noch eine wunderschöne Kastanie durch die Terrasse. Es war sehr schön, im Frühjahr unter dem blühenden Baum zu sitzen und auf die Elbe zu blicken. Dort war im Gegensatz zu heute immer Betrieb. Schiffe lagen vor Anker, die Reihe der Schleppkähne reichte fast bis zum Wiesenhof und die Schiffer standen in ihren Holzpantinen an der gegenüberliegenden Pumpe Schlange, um die mitgebrachten Wassereimer zu füllen.

Mein Vater besuchte des Öfteren den „Anker“, um das eine oder andere frisch gezapfte Glas Bier zu trinken und vor allen Dingen, um zu plaudern. Mein Bruder Harry war mit seinen Kumpels regelmäßig hier anzutreffen und hinten im Gastraum saß mein Cousin Dietmar mit seinem Anhang. Der „Anker“ war immer auch eine „Nachrichtenbörse“ und so saß man dort weniger, um zu trinken, als um Neuigkeiten auszutauschen, zu würfeln und Geschäfte zu machen. Die „Alten“ erzählten sich oft interessante Geschichten, viele Elbeschiffer hatten die Elbe bis Hamburg bereist und wussten überaus spannend davon zu berichten. Wie eingangs schon erwähnt, saßen im hinteren Teil meist mein Cousin Dietmar mit seinen Kumpels Botte, Bonker, Charly, Suppe, Blase, Pfiffi und anderen. Alle Arten von Geschäften wurden hier gemacht, wobei es oft um den Tausch von x-mal in Schwarz-Weiß abfotografierten Beatgruppen und Ähnlichem ging. Manchmal wurde auch eine spontane Verlobung mit einem der Mädchen bekannt gegeben, aber am Abend auch die Entlobung genauso gefeiert. Alle waren absolute Beat-Fans und das war in der damaligen DDR natürlich absolut verpönt, wenn nicht gar potenziell verdächtig. Ein großer Wunsch war es auch, irgendwann einmal eine vollständige, gut erhaltene „BRAVO“ mit Mittelposter zu besitzen. Diese gab es aber nur im Westen und durfte nicht in die DDR eingeführt werden. Nur wenige hier besaßen ein geschmuggeltes Exemplar und gaben diesen Schatz natürlich nur ungern her. Deshalb wurde abfotografiert, was auch recht schwierig war, musste man doch jemanden mit der notwendigen Ausrüstung finden. Manchmal konnte auch der Piesteritzer Fotograf Schoch überredet werden, die verdächtigen Bilder zu kopieren. Wenn alles klappte, wechselten postkartengroße Schwarz-Weiß-Fotos von den Stones, den Beatles, den Small Faces und anderen für die damals stolze Summe von 10 bis 20 Mark (je nach Bedeutung der Gruppe) pro Bild den Besitzer. Aber auch alle möglichen anderen Dinge wurden getauscht, gekauft oder verkauft. Natürlich nahmen hier auch zahllose Abenteuer ihren Anfang, oft spielte der Joly-Park und auch Mädchen (oft aus der benachbarten Berufsschule) eine Rolle.

Genauso oft riefen die in aller Regel harmlosen Aktivitäten den stets misstrauischen und diensteifrigen Polizisten P. auf den Plan, der sich wie geschildert gern in den Büschen des Parks versteckte oder an der Elbe lauerte, um sofort eventuelle Straftaten oder was er dafür hielt (also fast alles) ahnden zu können. Für ihn war alles verdächtig, vor allen Dingen aber junge Leute mit langen Haaren, die westliche Beatmusik verehrten, und so fand er ein reichliches Betätigungsfeld.

Wie mir unser alter Freund Joachim Böttcher (Botte) bei einem unserer Treffen erzählte, erregte auch ein Foto aus der legendären Sendung „Beat-Club“ besonderen Verdacht. Pausenlos wurde die Frage gestellt, wer denn noch alles zum „Beat-Club“ gehöre, bestimmt auch westliche Agenten, wie unsere ebenso hölzernen wie paranoiden „Sicherheitsorgane“ vermuteten. Die gleichnamige Sendung war vielen dieser Sorte natürlich unbekannt.

Der Wirt des „Goldenen Anker“, Erich Straach, stellte damals für seine Stammgäste noch selbst Sülze her. Die dafür benötigten Schweineköpfe bezog er vom Kleinwittenberger Fleischer Lindemann. Die tassengroßen Sülzen, bedeckt mit feingehackter Zwiebel und etwas Essig, wurden dann zusammen mit einer frischen Weißbrotschnitte serviert und schmeckten köstlich. Die Anzahl der Sülzen war natürlich begrenzt und eigentlich sollte das beim Verzehr getrunkene Bier für Umsatz sorgen. Als Dietmar einmal wenig trank, aber dafür neun Sülzen hintereinander verspeiste und auch noch eine zehnte ordern wollte, warf Erich ihn kurzerhand hinaus.

Ein Dauerstammgast im „Goldenen Anker“ war auch mein Bruder Harry. Wenn Harry von der Arbeit kam, ging gewöhnlich erst zum Fußballtraining, welches anschließend stets im „Anker“ endete. Bei seiner Truppe spielte der Sport im Allgemeinen und Fußball im Besonderen eine große Rolle, aber es wurde auch geknobelt und alles mögliche erzählt. Aber auch hierbei kam das „Geschäftliche“ nie zu kurz und ich kann mich kaum an eine größere Anschaffung meines Bruders erinnern, deren Geschichte nicht im „Anker“ begann. Ich möchte nur an die bereits erwähnte russische Armbanduhr für meine Mutter oder seine „Jawa 350“ erinnern.

Aber auch allerlei andere Kleinwittenberger Gestalten bevölkerten oft das Lokal und ein paar davon muss ich ganz einfach kurz skizzieren. Da war zum Beispiel ein Sohn des einzigen ehemaligen Werftbesitzers von Kleinwittenberg. Er war damals schon erheblich älter als wir und hatte selbst Kinder in unserem Alter. Dieser besaß ein enormes Wissen, schwadronierte aber auch gern. Deshalb wurde er auch nur der "Lügenmajor" oder, kürzer, „Major" genannt. Seinen Grabstein auf dem Kleinwittenberger Friedhof zieren übrigens nur dieser kurze Name und ein Anker. Der „Major" kannte nun den Wirt, Erich Straach, ganz genau und schon sehr lange. Er war viel herumgekommen und begegnete Erich Straach schon in einer Zeit, als dieser noch Fährmann in Pretzsch war. Seine Frau betrieb die Fährkneipe und einer ihren besten Gäste war Erich selbst. Oft kniete dieser, schon leicht angetrunken, mit Gummistiefeln an der Reling vor dem Tresen und bettelte seine Frau mit ersterbender Stimme an: „Jib mich doch noch een Bier!", worauf diese stets antwortete: „Hau ab, du Suffkopp!" Der Lügenmajor hatte diese Szene einmal miterlebt und beging nun den Riesenfehler, jemanden im „Anker" ganz leise davon zu erzählen. Seltsamerweise bekam Erich, der ansonsten schwerhörig war, alles mit und verhängte so über den Major, dessen Geschichte ironischerweise diesmal den Tatsachen entsprach, die unmenschliche Strafe „Kneipenverbot auf Lebenszeit". Daher hielt sich der Major meist im „Elbhafen" auf. Günstig dabei war auch, dass er gleich gegenüber wohnte und die Filzlatschen beim Besuch der Lokalität anbehalten konnte.

Dann gab es noch Hänschen Olle, genannt der „Fürst", welcher spcktakulär und mit großer Ankündigung seinen bescheiden auf den Namen „Titanic“ getauften Holzkahn in der Elbe vor dem „Anker“ versenkte. Später musste er allerdings mithilfe der Wasserschutzpolizei und auf Anweisung meines Vaters das Wrack bergen, da es sich genau an der Schiffsanlegestelle befand. Manchmal war er auch im „Elbhafen“ anzutreffen, wo er, auf dem Kachelofen sitzend, gekonnt „La Paloma“ sang, bis er von Lore Winkler, der Wirtin, heruntergejagt wurde.

Auch Albert B., der Vater mehrerer Söhne und einer Tochter, fehlte selten. Der älteste Sohn, Martin, spielte wie beschrieben, mit meinem Bruder Harry Fußball und war über Jahre auch bei „Chemie Piesteritz“ überaus erfolgreich. Er wartet als Fan sicherlich noch heute auf die von meinem Cousin Dietmar versprochene Roy-Black-Party. Der Vater Albert nun hat meistens kein Geld, wollte aber gern im „Anker“ ein paar Bier trinken. So borgte er sich von Harry oder meinem Vater eine Mark (dafür bekam er damals immerhin vier Bier), die er aber immer prompt zurückzahlte. Er erzählte gern, war ein bescheidener Mann, der aber bei seiner Familie in der Robert-Koch-Straße nichts zu lachen hatte. Seine Frau Martha war Reinigungskraft und nicht nur für ihr Alter überstark geschminkt. Schon allein die Farbkontraste taten dem Auge weh. Sie trug pechschwarz gefärbte Haare und schminkte sich den Mund gewaltig mit blutroter Farbe. Zu allem Überfluss verfügte sie über die erschreckendsten O-Beine, die ich jemals sah. Wenn ihre Füße unten zusammenstanden, konnte man noch ohne große Mühe einen kleineren (oder auch größeren) Ball innen zwischen ihren Knien hindurchschießen. Seltsamerweise erinnerten mich diese Beine an die Reiter bei den Gummiindianern, die ich besaß. Wenn diese vom Pferd genommen wurden, sah es so ähnlich aus. Das Mundwerk der Frau war sehr ausgeprägt und der arme Albert war ihr nicht gewachsen. Er wusste nie, ob er meinen Vater mit „Du“ oder „Sie“ ansprechen sollte und so sagte er immer „Kollege“ Müller, obwohl die beiden gar keine Kollegen waren.

Schneider Jüngel, genannt das „Tapfere Schneiderlein“ (über ihn wird noch im Kapitel „Kleinwittenberger Handwerker“ berichtet), war auch sehr häufig anzutreffen, wenn er seinen „Vorschuss“ vertrank, und am Fenster saß oft ein Mann namens Helmut W. Dieser ältere Mann war früher Polizist und dann ein Agent der Stasi. Er versuchte in den Kneipengesprächen irgendetwas Subversives aufzuschnappen. Da ihn aber alle kannten, hatte er damit selten Erfolg. Es gab aber auch Fälle, in denen Gäste zu laut und zu unvorsichtig über eine mögliche Flucht nach dem Westen durch die Elbe erzählten. Diese bekamen dann auch prompt Schwierigkeiten. Als Kind machte dieser Mann großen Eindruck auf mich. Er hatte einen Charakterkopf, und eine gewisse äußere Ähnlichkeit mit dem damaligen Bundeskanzler Willy Brand, den ich gut fand, war ihm nicht abzusprechen. Er trug zu einem unbewegten Gesichtsausdruck immer eine dunkle Brille und Sakko. Es war nie zu erkennen, was er gerade dachte. Da er früher bei der Polizei war, kannten mein Vater und die anderen Wasserschutzleute ihn ganz genau und sprachen von ihm immer nur als „Nikita“, da er häufig den damaligen sowjetischen Staatschef zitiert hatte. Ein noch respektvollerer Name aus seiner Polizeizeit für ihn war „Maigret“, nach dem französischen Filmklassiker. Er erzählte gern mit dem

Älteren, aber auch die durften nie vergessen, wen sie vor sich hatten und brisante Themen meiden.

So war also immer eine bunte Mischung im „Anker“ anzutreffen.

Viele Seiten wären noch zu füllen, aber ich denke, es ist erstmal genug und möchte nun zur ebenso bekannten Gaststätte „Zum Elbhafen“ kommen. Diese Gaststätte, direkt am Elbhafen gelegen, hatte vielleicht am meisten von allen das Flair der typischen Hafenkneipe. Einst vor langer Zeit von Hermann Winkler zum Bau in Auftrag gegeben, existierte sie als Gaststätte bis weit in die achtziger Jahre und wurde bis zum Schluss von Lore Winkler betrieben. Sie gehörte schon wegen ihrer exponierten Lage direkt am Hafen fast zu diesem dazu und hatte dadurch etwas ganz Besonderes an sich. Zur Gaststätte gehörte auch noch ein großer Ballsaal und das gegenüberliegende stattliche Wohnhaus befand sich ebenfalls im Besitz der Familie Winkler. Anfang des vorigen Jahrhunderts fanden im Ballsaal rauschende Feste statt, vor allem auch die berühmten Schifferbälle mit Umzug. Es existieren noch Bilder davon, auch vom prächtig geschmückten Saal. Später erfolgte die Nutzung als Turnhalle und so ist es bis heute. Auch die Gaststätte selbst existiert nicht mehr. Die obere Etage wurde abgetragen und das Untergeschoss dient jetzt anderen Zwecken. Wenn man von der Robert-Koch-Straße aus kommend zum „Elbhafen“ wollte, führte der Weg am Haupttor des Hafens und an den großen Silos aus gelbem Backstein vorbei. Dort roch es immer nach Tabak, da ja riesige Ballen davon in den Speichern gelagert wurden. Selbst viele Jahre danach roch es immer noch so. Mir gefiel dieser Tabakgeruch immer sehr und gehörte für mich einfach dazu. Die Gaststätte bestand aus einem gemütlichen Schankraum mit Tresen und einer vollkommen geschlossenen Terrasse mit Blick direkt zum Hafen. Die Gleise der Hafenbahn führten unmittelbar daran vorbei. Es gab nichts Schöneres, als auf dieser Terrasse zu sitzen und dem Hafenbetrieb zuzusehen. Schiffe legten an, die Kräne begannen ihre Tätigkeit und die kleine Hafenlok flitzte hurtig hin und her. Ihre Gleise führten fast bis zu unserer „Carneby-Street“ und später als Modellbahner war das Ganze noch interessanter für mich. Es war auch einfach idyllisch, im Winter bei einem Glas Grog dem Treiben zuzuschauen, während draußen leise der Schnee fiel. Aber auch im Sommer war dies schön, die Terrassenfenster wurden hochgeschoben und statt Grog gab es „Ententeich“. Zur Zubereitung dieses Getränks füllte Lore einen großen Kelch mit kühlem Bier und ebenso kühler grüner Fassbrause, alles frisch vom Fass. Dieses Getränk in dem nun beschlagenen Kelch sah köstlich aus und schmeckte auch so. Um die Seligkeit vollkommen zu machen, fehlte nur noch eine Bockwurst. Diese musste Lore im oberen Teil des Hauses anrichten. Wenn sie dann herunterkam, einen Teller mit der wie gemalt aussehenden Bockwurst und einer frischen Weißbrotscheibe in der Hand haltend, dann lief mir immer schon das Wasser im Mund zusammen. Auch diese Speise schmeckte hervorragend und ich habe nie herausbekommen, woher Lore ihre Bockwürste bezog.

Der schon erwähnte Agent „Nikita“ suchte im Rahmen seiner „verantwortungsvollen Tätigkeit“ und weil er gern Bier trank, auch manchmal den „Elbhafen“ auf. Zu bestimmten Zeiten begleitete ihn sein damals halbwüchsiger Sohn. Da dieser für sein Alter sehr groß und kräftig war, bekam er von Lore auch immer gleich zwei Bockwürste serviert. Folgerichtig und natürlich auch aufgrund seiner politischen Einstellung (oder der seines Vaters?), ging er später zum Wachregiment „Felix Dzershinski“.

Im Gastraum befand sich ein großes Billard, dessen Zubehör in einem Bretterverschlag am Durchgang zur Terrasse aufbewahrt wurde. Dieses Billard durfte aber längst nicht von allen bespielt werden, sondern nur von ausgewählten Stammgästen. Aber auch das Zusehen machte Spaß. Von Zeit zu Zeit musste der Billardtisch neu bespannt werden. Dies war meist die Aufgabe eines älteren Herrn namens Fiedler, der stets Zigarre rauchte und notwendige Fachkenntnis besaß. Aber auch viele Fahrensleute von den Schiffen, die besonders im Winter oft lange im Hafen bei Eisgang Schutz suchen mussten, verbrachten ihre Tage im „Elbhafen“ und empfingen hier auch ihre Post. Regelmäßig musste von den Schiffsbesatzungen das Eis um ihre im Hafen liegenden Schiffe mithilfe von Eissägen aufgebrochen werden, damit die Schiffsrümpfe keinen Schaden nahmen. Das war Schwerstarbeit, wurde doch alles noch per Hand erledigt! Bei den Schaufelraddampfern mit seitlichen Schaufeln befand sich die Toilette übrigens direkt über den Schaufelrädern, in der Nähe der Kommandobrücke. Bei Fahrt des Schiffes wurden die auf die sich bewegenden Schaufeln fallenden Hinterlassenschaften aus der Toilette direkt in das Elbewasser geschleudert. Wenn das Schiff aber nun im Stillstand in Hafen ausharrte, bewegten sich auch die Schaufeln nicht. Folglich landete alles zwar auf der Oberseite des gewaltigen Schaufelrades, wurde aber nicht mehr weiterbefördert und gefror zu einem riesigen Klumpen „Schei…“. Irgendwann erfolgte bei Eisfreiheit das Auslaufmanöver. Die Schaufelräder begannen sich zu drehen und der riesige „Klo-Klumpen“ flog, zerlegt in viele Einzelteile, durch die Gegend. Überall klebten braune Fladen und das Ganze war natürlich auch ein Fest für jede Nase! Die Fahrensleute hatten aber natürlich auch hier allerlei interessante Geschichten aus ihrem Schifferalltag zu erzählen und es lohnte sich immer, ihnen zu lauschen. Auch die Führer der Hafenkräne und andere Hafen-Angestellte waren oft im „Elbhafen“ zu finden. Das ganze Ensemble wurde durch den schon vorgestellten „Fürst“ bereichert, der zu fortgeschrittener Stunde seine Shantys anstimmte und auch den „Major“, der ja nun im „Anker“ Verbot hatte und ohnehin gleich gegenüber wohnte. Dieser war auch ein Nachfahre des Inhabers der bekannten Bootsbauwerft. Diese befand sich einst nur unweit in der Lindenstraße und gab sich selbst das Prädikat „1. Werft am Platze“, obwohl schon längst keine anderen Werften mehr existierten. Einige schelmische Gäste des „Elbhafen“ schrieben jedes Mal „Blohm & Voss“ unter die Tafel. Das ärgerte den Inhaber jedes Mal, denn mit der gleichnamigen Hamburger Riesenwerft hatte die kleine Bootsbauerei nun wirklich nichts gemein. Obwohl selbst ein wenig großtuerisch, wusste der Inhaber natürlich um diesen Umstand und fühlte sich auf den Arm genommen, was allen einen Riesenspaß bescherte.

Als Hilfe in der Gaststätte hatte Lore Winkler über viele Jahre Frau Friedrich aus der Robert-Koch-Straße engagiert. Diese sich damals im Rentenalter befindliche Frau hatte ein dragonerhaftes Auftreten und war auch mit einem entsprechenden Mundwerk ausgestattet. Mein Vater hatte es anfangs schwer bei ihr. Diese Tatsache war auf einen Vorgang zurückzuführen, der sich Silvester ereignete. Es gab zu dieser Zeit in Kleinwittenberg an Silvester noch eine große Hafenausfahrt. Alle Schiffe hatten über die Toppen geflaggt und liefen prächtig beleuchtet ein Stück weit aus dem Hafen aus. Mein Vater hatte bei diesem Fest manchmal die Aufgabe, zusammen mit einigen Kameraden auf der Hafenspitze ein ziemlich professionelles Feuerwerk abzubrennen. Zu Hause beobachteten wir dieses Schauspiel immer vom Badfenster aus und freuten uns schon darauf. Bei einem dieser Spektakel flogen nun einmal einige ausgebrannte und ungefährliche Raketenhülsen auf das Verandadach der Gaststätte. Als die „Brandstifter" anschließend noch ein Bier im „Elbhafen" trinken wollten, wurden sie von Frau Friedrich mit den Worten zurückgewiesen: „Sie bekommen hier nichts, Sie wollten die Gaststätte abbrennen!" Lore sorgte aber doch dafür, dass die Männer ihr Bier bekamen. Vergessen hatte Frau Friedrich aber nichts. Bestellte mein Vater bei späteren Aufenthalten nach angemessener Zeit ein nächstes Glas Bier bei der netten Dame, kam die prompte Antwort „Sie haben doch grad erst eins gekriegt!" Dazu bekam mein Vater, der meist am Stammtisch saß, beim Servieren des öfteren den Ellenbogen von Frau Friedrich in den Rücken gerammt. Natürlich aus Versehen und wegen der Enge! Irgendwann reichte es meinem Vater und er nahm sich den Dragoner höflich, aber bestimmt vor. Auch Lore mahnte immer wieder mit den Worten: „Frau Friedrich so benimmt man sich nicht gegenüber den Gästen und Stammgästen!" Frau Friedrich war nämlich gerecht, sie behandelte fast alle so! Seitdem wurde sie aber merkwürdig freundlich und bevorzugte meinen Vater gar. Ihr Mann durfte während ihrer Serviertätigkeit übrigens oft in der Gaststätte „parken“ und hatte bei geringstem Bierkonsum schön den Mund zu halten.

Schräg gegenüber des „Elbhafen“ wohnte Molle mit seiner Frau Gitta. Diese kellnerte auch manchmal und ich mochte sie im Gegensatz zu Frau Friedrich sehr. Ich war noch ein Steppke und trotzdem gab sie mir augenzwinkernd einen „Kaffee Edel“ zu trinken. Da konnte ich mich schon so richtig wie ein „Großer“ fühlen! Später heiratete Lore einen Lokführer der Hafenbahn. Dies war ein sehr rüder Zeitgenosse und ich mochte ihn nicht besonders. Besitzergreifend stand er hinter dem Tresen und war auch zu den alten Stammgästen nicht gerade zimperlich. Am wenigsten (vielleicht begreiflicherweise) konnte er Geheimagent Nikita leiden und dies beruhte auch auf vollster Gegenseitigkeit. Beide sind mittlerweile tot und liegen ironischerweise nebeneinander auf dem Kleinwittenberger Friedhof. Der Major meinte dazu in seiner typischen Art: „Die konnten sich nie leiden und nu liejen se och noch zusammen!“

Interessant war dagegen die rothaarige Tochter des Wirtes, aber dazu vielleicht später mehr. Auch zu dieser einmaligen Gaststätte könnte ich noch seitenweise schreiben, aber auch hier muss ich mich zähmen.

Drei weitere Kleinwittenberger Gaststätten muss ich aber trotzdem unbedingt noch erwähnen, nämlich das „Schiffchen“, den „Wiesenhof“ und das „Kürschner“. Das „Schiffchen“, direkt neben dem „Goldenen Anker“ und damit auch direkt an der Elbe gelegen, war eins der ältesten und seinerzeit wohl auch prächtigsten Gasthäuser Kleinwittenbergs. Ein bedeutender Kleinwittenberger Schifferverein hatte hier lange Zeit sein Domizil und dereinst verkehrten hier nur die Kapitäne und Steuerleute, die Schiffseigner und Fischermeister. Zu meiner Zeit war von der einstigen Pracht leider nicht mehr viel übrig. Das mehrstöckige, aus rotem Klinker errichtete Gebäude mit seinen Erkern, der großen Terrasse und dem darunter liegenden Keller war zwar immer noch beeindruckend, aber im Innern schien die Zeit stehen geblieben zu sein. Der große Gastraum wirkte düster und war immer von Zigarrenqualm erfüllt, den einige für uns damals uralt erscheinende Männer ausstießen. Die alte Frau Steigemann bat einen dann auch meist darum, alsbald wieder zu gehen, da die alten Herrschaften immer gerade „das Letzte“ tranken. Sie schaffte es wahrscheinlich ganz einfach nicht mehr, noch viele zusätzliche Gäste zu versorgen.

Wer ein Auge dafür hatte, konnte in der Gaststätte noch viele Spuren längst vergangener Pracht finden. Dazu gehörten auch die vor sehr langer Zeit angebrachten und damals gewiss sehr teuren Ledertapeten, die jetzt nur noch dunkel und verräuchert wirkten. Ein besonderes Kuriosum war die Toilette, hatten sich hier doch ganze Generationen von Schiffern mit dem Namen ihres Schiffes, mit Schiffsnummern und manchmal auch dem Datum verewigt. Das Ganze wirkte wie ein riesiges Geschichtsbuch der Elbeschifffahrt, gab es doch viele der aufgeführten mächtigen Dampfschiffe längst nicht mehr. Über viele Jahre hinweg führte Frau Steigemann offiziell ein riesiges Buch, in dem sie die passierenden Schiffe eintrug. Bog einer der Schaufelraddampfer mit seinen oft sehr langen Schleppzügen oder ein anderes Schiff um das Wiesenhofeck, wurde ein langer Ton mit dem Signalhorn abgegeben und Frau Steigemann trug Schiffsnamen und Uhrzeit gewissenhaft in ihr

Register ein. Anschließend informierte sie telefonisch die Hafenspedition, die eventuell entsprechend disponieren konnte. Oft mussten die Schleppdampfer im Kleinwittenberger Hafen Kohle fassen. Die Schleppkähne lagen dann oft bis zum Wiesenhof vor Anker und der Dampfer machte sich nach Lösen der Schlepptrossen auf den Weg zur Kaimauer. Es war immer ein Erlebnis, diesem Manöver zuzusehen. Schon allein den großen Dampfer auf dem Fluß zu wenden, war ein immer wieder beeindruckender Vorgang und erforderte einen sehr erfahrenen Kapitän und auch eine gute Mannschaft. Ich hatte Gelegenheit, mich im Innern eines Dampfers („Würtemberg") bei einem solchen Manöver aufhalten zu dürfen. Die riesige Dampfmaschine, die gewaltigen Pleuel, die vielen glänzenden Messingarmaturen und überhaupt alles Gesehene hinterließen einen tiefen und unauslöschlichen Eindruck bei mir. Stolz stand der Kapitän auf der Brücke und rief durch ein langes Messingrohr, welches bis in den Maschinenraum reichte: „Zurück – ganz langsam!" Dazu musste die Dampfmaschine umgesteuert werden, so ein Schiff hat ja schließlich keinen Rückwärtsgang. In rasender Geschwindigkeit drehte das Maschinenpersonal an den vielen Reglern und Ventilen. Nach kurzem Zögern begannen die gewaltigen Teile der Dampfmaschine ihre Drehrichtung zu ändern und das Schiff setzte sich rückwärts in Bewegung. Für mich schien die Maschine zu leben. Staunend stand ich auch vor den großen Feuertüren und bekam einen ersten Eindruck von der schweren Arbeit der Heizer. Seitlich rückte das Schiff dann unter der erfahrenen Führung des Kapitäns an die Kaimauer. Die Festmachtaue flogen und die Arbeit der Hafenkräne begann.

Das war ebenfalls interessant, aber ich möchte doch wieder nach dieser Abschweifung zu den Kleinwittenberger Gaststätten kommen. Am oft erwähnten Wiesenhofeck, an welchem die Elbe eine Biegung macht, gab es auch eine malerisch gelegene Gaststätte, welche natürlich auch „Zum Wiesenhof“ hieß. Die Gaststätte war über den alten Treidelpfad zu erreichen, der immer an der Elbe entlang führt. Schon der Weg, auch an den Buhnen vorbei, war romantisch. Die Gaststätte war nur im Sommer geöffnet. Direkt davor befand sich eine abgewinkelte Badebuhne. Früher war hier eine Strombadeanstalt angesiedelt, aber das war vor meiner Zeit. Wir badeten damals aber auch noch viel in der Elbe und wenn mein Vater oder Bruder mit mir dann anschließend noch in den „Wiesenhof“ einkehrten, bekam ich dann immer die von mir gewünschte Bockwurst und ein Glas kühle Waldmeister-Fassbrause. Wir saßen im oberen Stock der Gaststätte, unter uns befand sich das Bootshaus und auf der Elbe konnte ich die damals noch rege Schifffahrt auf dem Fluss beobachten. Das waren immer schöne Momente in der Sommerzeit. Überhaupt war dieser Ort, „Wiesenhof“, die davor liegenden Buhnen und das Elbufer Ausgangspunkt zahlreicher Erlebnisse. Später angelten wir in den Buhnenfeldern und trieben manchen Unfug, auf den ich besser nicht allzu sehr eingehe.

Auch mein Cousin Dietmar, Bernd Nagli und überhaupt unsere ganze Rasselbande aus der Kürschnerstraße 8 trieben sich hier oft herum. Auch die ersten romantischen Stelldicheins fanden neben dem Joly-Park auch hier statt und bleiben unvergessen. Manche unserer „Taten“ waren allerdings auch nicht ungefährlich. So ruderte beispielsweise Nichtschwimmer Dietmar an einem schönen Sommertag mit einer Luftmatratze ziemlich weit in die Elbe. Prompt drohte er von einem tschechischen Schaufelraddampfer oder dessen mächtigen Wellen erfasst und ertränkt zu werden. Veronika, eine sehr gute Schwimmerin, konnte ihn gerade noch so retten und er blieb der Beat-Welt erhalten. Nachdem er schon einmal, zusammen mit meiner Schwester, fast im Streng ertrunken wäre, war dies seine zweite Rettung. Wir überlegten damals eben nicht allzu viel.

In den letzten Jahren wurde die Gaststätte von den Eltern meines Schulkumpels Peter H. geführt und Anfang der siebziger Jahre leider für immer geschlossen. Später wurde sie ganz abgetragen und nur das darunter liegende Bootshaus blieb erhalten.

Auch das damalige Kulturhaus „Hermann Kürschner“ (Träger war „VEB Wittol“) spielte in Kleinwittenberg eine wichtige Rolle. Dessen Geschichte reicht ebenfalls weit zurück, war es doch als „Schützenhaus“ in den frühen Tagen Kleinwittenbergs errichtet worden. In all den Jahren hatte das Haus zahlreiche illustre Gäste aufzuweisen, darunter auch den einstigen Vorsitzenden der Kommunistischen Partei Deutschlands, Ernst Thälmann. Das Kulturhaus verfügte über eine Gaststätte und einen großen Saal. Im oberen Stockwerk befand sich die Verwaltung. Unzählige Veranstaltungen fanden in dem Gebäude statt. Am Wochenende war fast immer Tanz, der Begriff „Disco“ war in den sechziger und frühen sieb- ziger Jahren des vorigen Jahrhunderts noch nicht verbreitet. Leider durfte ich da noch nicht rein, ich war ja noch ein „Stift“. Trotzdem zog mich die auch draußen zu hörende Musik magisch an, Musik war sowieso immer schon mein Leben. Das Gelände des „Kürschner“ zog sich in südlicher Richtung bis zur

Grünstraße hin und war nur mit einem großen Holztor mit Gitterdraht sowie einem entsprechenden Zaun von der Straße getrennt. Das Ganze war natürlich kein wirkliches Hindernis für mich und meine Kumpels. Manchmal schafften wir es, heimlich in den Saal zu blicken. Damals wurde noch viel „live“ gespielt und allein schon die Musiker auf der Bühne faszinierten mich. Die E-Gitarren dröhnten und zogen mich in ihren Bann. Das letzte Lied, der „Rausschmeißer“, war oft „Lady Jane“ von den Rolling Stones und ich hätte umfallen können vor Begeisterung. Ich war noch ein kleiner Junge und doch schon vom Musikvirus erfasst, wahrscheinlich hatte ich mich mit diesem lebenslang wirkenden Virus bei Dietmar und seinen Kumpels infiziert. Nicht so toll fand ich es, wenn zum Abschied „Der letzte Walzer“ von Peter Alexander gespielt wurde. Es gab viele kleine Bands, an Blau-Silber kann ich mich noch erinnern und auch an Herbert K. aus Kleinwittenberg, der heute noch Musik macht. Damals spielte er ganz gut Schlagzeug und sang „Mädchen mit roten Haaren“.

Silvester und auch in der Faschingszeit fanden immer große Bälle statt. Wer nicht tanzte, kam in einen Käfig und musste „freigeküsst“ werden. Manche saßen da sehr lange im Käfig!

Als Kind bekam ich von meinem Vater über das Stickstoffwerk immer eine Eintrittskarte für ein Weihnachtsmärchen, welches in der Adventszeit immer vormittags im „Kürschner“ aufgeführt wurde, Das war jedes Mal sehr schön, zumal es auch noch einen Beutel mit guten Süßigkeiten gab. Wenn ich durch das oft tief verschneite Kleinwittenberg zum Kulturhaus lief, war ich immer schon ganz aufgeregt vor Freude. Zu meinen frühesten Erinnerungen zählt es, wie ich an der Hand meiner Großmutter den Saal des Hauses betrat und sich dort viele Tische mit Menschen dahinter befanden. Damals wusste ich das nicht zu deuten, erst später erfuhr ich den Zweck des Ganzen, nämlich die überaus großzügige Rente meiner Großmutter abzuholen. Diese Rente belief sich sage und schreibe auf 80 Mark und musste persönlich in Empfang genommen werden. Überweisungen, Girokonten und dergleichen gab es ja sowieso noch kaum. Meine Kumpels und ich hatten auch sehr viel Spaß in dem schon erwähnten Gelände hinter dem „Kürschner“. Dieses und der darin befindliche Garten durften natürlich nicht betreten werden. Diese Tatsache ignorierten wir selbstverständlich regelmäßig. Einmal plünderten wir einen gleich in der Nähe des Tores wachsenden Apfelbaum. Als unsere Mägen gründlich gefüllt waren, beschloss unser Anführer Wolfgang S., genannt „Seifju“, in einem Anfall von unerklärlicher Reue, dass wir uns für unsere schreckliche Freveltat entschuldigen müssten. Wir folgten dem Älteren natürlich und landeten so im Büro des kulturellen Leiters, Herrn Weinert. Ein großer, distinguierter Herr mit zurückgekämmten Haar und Siegelring stand uns gegenüber. Zu diesem sprach „Seifju“ die historischen Worte: „Herr Kürschner, wir wollten uns entschuldigen.“ Ich weiß leider nicht mehr, wie die Strafe ausfiel. Sie wird aber aufgrund des reumütigen Geständnissen sehr milde gewesen sein.

Auf dem Gelände war auch ein altes „Westauto“, ein Cabrio, abgestellt. Dieses zog uns natürlich magisch an und wir spielten voller Begeisterung daran herum, natürlich immer in der Angst, erwischt zu werden. Ich habe oft überlegt, aber der Autotyp fällt mir leider nicht mehr ein.

Der eigentliche Gastraum befand sich beim Eintreten auf der rechten Seite und war unter anderem sogar mit recht gemütlichen Sitznischen ausgestattet. Auf der linken Seite befand sich ein Klubraum, der auch für private Feiern genutzt werden konnte. Ich kann mich erinnern, dort manchen Geburtstag der Eltern gefeiert zu haben. Die Qualität der Gaststätte war auch hier immer abhängig von ihrer Führung. Da es sich mehr oder weniger um einen „Volkseigenen Betrieb" handelte, bestand kaum ein Zusammenhang zwischen Umsatz und Verdienst des Personals. Diese fatale Entwicklung vollzog sich auch in der restlichen DDR. Als Ergebnis verkamen ehemals bekannte und gute Gaststätten und Cafés allmählich. Trotzdem gab es engagierte Mitarbeiter, aber es sind mir auch einige überaus faule Vertreter ihrer Zunft im Gedächtnis geblieben. Bestimmte Kellner stellten lieber „Reserviert"-Schilder auf gut die Hälfte der in der Gaststätte vorhandenen Tische, um sich ja nicht zu viel bewegen zu müssen. Auch ein Küchenchef namens „E." ist mir noch in unangenehmer Erinnerung. Dieser Mensch war nur beim Schieben fleißig, sein eigentlicher Job spielte, wie bei vielen Leuten dieser Sorte, nur eine untergeordnete Rolle als Alibi. Er lebte gut von der Mangelwirtschaft, wie so viele, die etwas zu bieten hatten. Meine Mutter kannte ihn durch ihre berufliche Tätigkeit und so bekamen wir immer einen guten Platz und auch Schnitzel mit Spargel, obwohl ich den bis heute gar nicht esse. Ich kam mir damals immer schon irgendwie merkwürdig vor, zumal, wenn der Typ auch noch zynisch abfällig sagte: „Frau Müller, alle wollen nur Schnitzel und Spargel fressen, aber die kriegen nichts!"

Für die „anderen“ gab es meist nur kaum unterscheidbaren Rinder- oder Schweinebraten mit lauwarmen, aber dafür harten Kartoffeln, geschmackloser Soße und einer undefinierbaren Beilage. Ich kann mich gut erinnern, einmal eine panierte Fliege in einem als Blumenkohl deklarierten Gemüse entdeckt zu haben. Aber, wie gesagt, es gab auch andere und bessere Zeiten.

Der Weg zum „Kürschner“ führte immer auch an „König‘s Hotel“ vorbei, ein weiteres bekanntes Haus in Kleinwittenberg, das heute nicht mehr existiert. Es gab in dieser Gaststätte allerdings rauschende und wirklich schöne Silvesterfeiern, trotz aller Mängel. Wir suchten als Kinder vor dem Haus immer nach „Knaller-Blindgängern“, während aus dem Inneren laut „Blau ist die Nacht“ und andere Schlager dieser Zeit dröhnten. Eine Besonderheit waren auch die riesigen Standaschenbecher im Eingangsbereich. Sie bestanden aus zwei großen, glänzenden Halbkugeln, die auf einem Ständer montiert und miteinander durch ein Gelenk verbunden waren. Wenn nun das Pedal am unteren Ende des Ständers betätigt wurde, bewegte sich die obere Halbkugel nach hinten und offenbarte eine riesige Öffnung. Ich hatte später einen Kollegen, dessen Mundpartie mich fatalerweise immer an diesen Anblick erinnerte, weil die Ähnlichkeit für mich wirklich verblüffend war. Aber ich schweife ab. Jedenfalls habe ich diese Aschenbecher nirgendwo anders gesehen. Ich werde später, wenn meine eigene „Disco“-Zeit beginnt, nochmal auf das „Kürschner“ zurückkommen.

Es gab noch etliche Gaststätten mehr in Kleinwittenberg, so wie es für einen so kleinen Ort erstaunlich viele Läden gab. Über jeden davon würde es sich lohnen zu schreiben, aber auch hier muss ich mich wiederum beschränken. Die vier beschriebenen Gaststätten waren höchst unterschiedlich, beschreiben aber meiner Meinung nach am besten die Atmosphäre in dieser Zeit.

IX) Die Kleinwittenberger Handwerker

Ganz wichtig für das Funktionieren des Alltagslebens waren auch die Kleinwittenberger Handwerker. Wer die DDR erlebt hat, weiß auch, wie schwierig es oft war, etwas reparieren zu lassen. Permanent fehlten Ersatzteile, Material und eben auch die bewussten Handwerker. Andererseits musste alles lange halten, die Wegwerfgesellschaft kam erst mit dem Westen. Geräte aller Art waren aber auch im Gegensatz zu heute auf Langlebigkeit ausgelegt und die Besitzer stolz auf den manchmal mühsam ersparten und beschafften Gegenstand. Viele der damals hergestelltem Mixer, Kaffeemühlen, Bohrmaschinen und dergleichen funktionieren heute noch. In der Regel wurde auch alles noch gut gepflegt. Wenn etwas kaputt ging oder vielleicht eine Hose geschneidert werden sollte, musste man sich meist an kleine Privatunternehmer wenden, die es erstaunlicherweise immer noch gab. Oft waren dies nur kleine Ein-Mann-Betriebe. Es existierten auch sogenannte PGHs (Produktiongenossenschaften des Handwerks) und andere staatliche Dienstleistungsbetriebe, aber auch hier war es schwierig, Termine und Hilfe zu bekommen. Viele Handwerker arbeiteten nach Feierabend und waren allgemein bekannt. Es gab gute und schlechte darunter. Ein paar typische Kleinwittenberger Vertreter sollen jetzt ihren Auftritt bekommen.

Da laufen sehr wichtig ist und ordentliches Schuhwerk dabei nicht minder, beginne ich mit den Klein- wittenberger Schustern. Davon gab es zu meiner Zeit noch zwei, nämlich Schuster Kroh und Schuster Heinrich. Der Letztere hatte Haus und Werkstatt gleich gegenüber der Christuskirche, direkt neben dem damaligen Postamt. Ein kleiner Weg führte von der Dessauer Straße hinter das Haus und in die Werkstatt. Einen Stoffbeutel mit kaputten Schuhen in der Hand, nahm ich diesen Weg sehr oft. In der Werkstatt saß der Meister auf einem uralten Schemel und war immer eifrig mit allerlei Schuhwerk zugange. Brille, Schürze und Schiebermütze bildeten die obligatorische Arbeitskleidung. In verblüffendem Tempo hämmerte er kleine Nägel (Tekse) in die Schuhe, nähte mit Pechfaden oder klebte neue Hacken und Sohlen. Seine Frau verrichtete derweil an einer fußbetriebenen Schusternähmaschine ihre Arbeit. Die Szenerie wurde von einer an der Decke hängenden, einsamen Glühbirne nur wenig erhellt und trotzdem saß jeder Handgriff. Immerhin spendeten aber auch noch altertümliche kleine Stehlampen am Arbeitsplatz ein wenig Licht. Über allem hing der Geruch nach Schusterleim und Leder, was mir nicht unangenehm war. Schuster Heinrich und seine Frau kamen mir damals recht betagt vor, leisteten aber hervorragende Arbeit. Der geforderte Preis war stets gering und es machte mir immer irgendwie Spaß, die reparierten, geputzten Schuhe zu betrachten und über neu angesetzte Hacken oder Sohlen zu streichen. In der Werkstatt befanden sich immer Unmengen von Schuhen und eine Art von Ordnungssystem konnte ich nie erkennen, wozu natürlich auch die spärliche Beleuchtung beitrug. Trotzdem zog der Meister immer sofort die richtigen Schuhe aus ein paar für mich undefinierbaren Haufen – ein Vorgang, der mich stets aufs Neue erstaunte. Der einzige Beweis, dass einem die Schuhe auch gehörten, war der mit Schusterkreide geschriebene Familienname auf der Sohle. Keine Papierbescheinigung, kein Computerausdruck und es stimmte wie gesagt immer!

Nur wenige Häuser weiter, auf der gleichen Straßenseite in Richtung Wittenberg, befand sich die Schuhmacherwerkstatt von Franz Kroh (jetzt Rainer E. Viehmann). Dieser hatte eine große Menge frei fliegender Vögel in der Werkstatt, was durchaus ungewöhnlich und für mich als Kind natürlich sehr interessant war. Oft suchten russische (damals „sowjetische") Offiziere die Werkstatt auf und ließen sich aus mitgebrachtem Chromleder sehr schöne Stiefel machen. Der Meister arbeitete, ebenso wie Schuster Heinrich, gut und sauber. Allerdings war seine Termintreue eher als mäßig zu bezeichnen, sodass wir doch Schuster Heinrich bevorzugten. Die Bekanntschaft meiner Mutter mit Frau Heinrich aus ihrer gemeinsamen Zeit bei „Sidol"(später „VEB Wittol") mag auch eine Rolle gespielt haben.

Wurde ein Elektriker benötigt, wandten sich viele an Herrn Theierl. Dieser übernahm Aufträge nach Feierabend, aber auch nicht für jeden und auch nicht immer. Manchmal ließ er sich durch Verwendung von einigen harten Schnäpsen überreden. Es durften allerdings nicht zu viele sein, denn dann begann er endlos mit seiner lauten Stimme zu reden. Meist ging es rund um sein Hobby – das Angeln. Im Laufe seiner Erzählungen und mit zunehmendem Schnapspegel wurden die von ihm angeblich gefangenen Fische immer größer und erreichten schließlich fantastische Ausmaße. Da er diese Größen dann auch noch mit den Händen anzudeuten versuchte, mussten die Plätze neben ihm immer frei bleiben. Er war aber ein guter Fachmann und wurde oft gebraucht, denn das alte Kleinwittenberger Stromnetz war ziemlich marode und bis weit in die sechziger Jahre auf nur 110 Volt Gleichspannung ausgelegt. Später wurde die Spannung auf die heute üblichen 220 Volt erhöht. Diese Spannung, so wurde mir mal erklärt, wurde aber nicht durchgeliefert, sondern wohl erst „hochgespannt". Davon hatte ich keine Ahnung, ich weiß nur, dass es nach wie vor Einschränkungen gab. Die Kochfunktion der Waschmaschine (WM 66) konnte nicht benutzt werden, weil stets die Sicherungen rausflogen. Auch sonst gab es immer mal wieder Störungen, die Dienste von Hans Theierl wurden also stets benötigt. Manchmal erschienen mir seine Methoden auch höchst unkonventionell. So hielt er einmal zwei blanke Kabelenden vom Zählerkasten auf dem Treppenabsatz in der Hand und stellte mit nachdenklicher Miene fest: „Ja, das könnten 220 Volt sein!" Er verfügte natürlich auch über Messgeräte und konnte durchaus damit umgehen, aber das geschilderte Verfahren erschien ihm wahrscheinlich effektiver. Er war ein ungeheuer zäher Kerl und vielleicht hatten ihn die vielen Stromschläge irgendwie immun gemacht. Es gab noch viele alte Strommasten aus Holz in der Kürschnerstraße. Einen von diesen bestieg er mit seinen obligatorischen Steigeisen. Dabei kam es zum Absturz, er landete zielgenau auf einem recht spitzen Metallzaun und wurde von diesem regelrecht aufgespießt. Jeder andere wäre wahrscheinlich gestorben, aber nach kurzem Krankenhausaufenthalt sah man Hans Theierl wieder mit seinen Steigeisen. Er wurde von unserem Hausverwalter, Herrn Krause, oft um Hilfe gebeten, wenn im Haus Probleme mit der Elektrik bestanden. Natürlich kannte ihn ganz Kleinwittenberg.

Übrigens fällt mir Zusammenhang auch noch ein, dass über einen gewissen Zeitraum ständig irgendwelche Trafos benötigt wurden. Als das Stromnetz nämlich von 110 V auf 220 Volt „hochgespannt“ wurde, mussten die alten 110-V-Geräte ja noch weiterverwendet werden. Das ging nur mit den erwähnten Trafos, welche die nun anliegende Spannung entsprechend verringerten. Als noch 110 V anlagen, aber schon neue Geräte für 220 V angeschafft wurden, benötigte man auch wieder Trafos, welche aber nun diese 110 V wiederum auf 220 V erhöhten. Alles in allem also eine höchst umständliche Sache, die sich erst erledigte, als alle alten 110-V-Geräte abgeschafft waren.

Die Beschaffung und auch „Umwicklung“ der vielen benötigten Trafos übernahm übrigens der Kleinwittenberger Rundfunk-Mechanikermeister Otto Stein. Wegen der damals starken Schwankungen im Stromnetz war auch vor jeden Fernseher ein Spannungsregler vorhanden. Hier musste immer darauf geachtet werden, dass der Zeiger der Anzeige immer über einem schmalen Leuchtschlitz stand, welcher 220 V markierte, Gegebenenfalls musste mit einem großen Drehknopf nachreguliert werden. Strom hat so seine Tücken, wie auch mein Vater als absoluter Nichtelektriker erfahren musste. Da Elektriker Theierl nicht immer verfügbar war, unterzog sich mein Vater eines schönen Tages der vermeintlich einfachen Aufgabe, eine neue Schuko-Steckdose im Bad selbst zu installieren. Beim nächsten Wäschewaschen (kleine Wäsche) im Bad, stand meine Großmutter mit ihrer obligatorischen „Schutzbekleidung“, das heißt mit Gummischürze, Gummistiefeln und Kopftuch (suddt. „Kuuptichel“) vor der Badewanne und rubbelte eifrig Kleidungsstücke auf ihrem Waschbrett.

Mein Vater besuchte sie wegen eines Anliegens und legte seine Hand auf ihre Schulter. Dabei muss er aufgeleuchtet sein wie ein Spielautomat, aber nicht wegen der Reize meiner Großmutter, sondern weil er einen formidablen elektrischen Schlag bekam. Die Wanne und damit meine Großmutter standen vollständig unter Strom! Da meine Großmutter glücklicherweise Gummistiefel trug, war sie sozusagen „isoliert" und der Strom konnte bei ihr nicht fließen. Dafür bildete mein Vater durch seine Berührung nun den Stromleiter und bekam die volle Dröhnung ab. Die Wanne aus massivem Gusseisen war durch die Arbeiten meines Vaters irgendwie unter Strom geraten. Es hätte sonstwas passieren können, aber zu unserem großen Glück ging alles glimpflich aus. Mein Vater war untröstlich und befasste sich nie wieder mit solchen Arbeiten. Erstaunlicherweise meisterte er später viele komplizierte Arbeiten an meiner Modellbahnanlage, wobei es aber hier natürlich meist nur um Arbeiten mit kleineren Spannungen ging. Gab es allgemein Probleme mit Elektrogeräten, so war Herr W. aus der Grünstraße ein möglicher Ansprechpartner.

Wie bereits erwähnt, waren Elektrogeräte zu jener Zeit äußerst wertvolle Artikel. Sie wurden pfleglich behandelt und immer wieder repariert. Eines Tages nun stellte die Waschmaschine „WM 66" meiner Eltern unerwartet ihren Betrieb ein. Diese Maschine aus Schwarzenberg war in der DDR weit verbreitet und verfügte nicht über eine rotierende Trommel, sondern hatte am Boden ein sich drehendes Wellrad. Dieses wiederum setzte das Wasser mitsamt Wäsche in Bewegung. Das Wellrad konnte zu Reinigungszwecken entfernt werden, indem es niedergedrückt und gegen die Laufrichtung gedreht wurde. Ich muss die vielleicht zu detaillierte Schilderung dieses doch recht uninteressanten Vorgangs entschuldigen, aber sie ist zum besseren Verständnis eventuell notwendig. Die Waschmaschine wurde nun jedenfalls unter Mühen zu Herrn W. in die Grünstraße gebracht und konnte auch alsbald, als vermeintlich repariert geltend, wieder abgeholt werden. Nach dem kräftezehrenden Transport über mehrere Treppen hinauf in unser Bad wurde das Gerät von meinem Vater erleichtert in Betrieb gesetzt. Zu seinem nicht geringen Erstaunen löste sich aber nun nach jedem Anschalten das Wellrad und beschrieb eine fantastische Flugbahn zur Maschine hinaus. Ich war irgendwie fasziniert, da mich Flugverhalten und Form des Wellrades stark an ein UFO erinnerten. Mein Vater konnte sich an solcherlei Vorstellungen allerdings nicht so recht erfreuen und versuchte mit seinen herbeigeholten Werkzeugen den blechernen Karabinerverschluss an der Unterseite des Rades plastisch zu verändern, um einen strafferen Sitz zu erreichen. Seine Bemühungen waren aber leider nicht von Erfolg gekrönt und so begann wieder der gleich mühsame Rücktransport der Maschine treppab und weiter in die Grünstraße zu Herrn W. Anwesend war dort gerade nur gerade dessen Frau, die aber das Problem sofort erfasste und meinte: „Der Kerl (ihr Mann) war bestimmt wieder besoffen, geben Sie mir doch mal den Schraubenzieher da, Herr Müller!“ Nachdem sie zwei Kabel umgeklemmt hatte, war das Problem gelöst. Der Motor hatte einfach die verkehrte Drehrichtung, dadurch konnte das Wellrad nicht halten! Das bereits erhaltene Salär setzte Herr W. Aber gerade bestimmt im „Elbschlößchen“ in diverse Biere um. Trotzdem waren alle froh, die Maschine lief wieder! Gab es Probleme mit Fernseher (damals natürlich Schwarz-

Weiß) oder Radio, war der bereits erwähnte Rundfunk-Mechanikermeister Otto Stein in der Robert-Koch-Straße eine wichtige Hilfe.

Vorher vielleicht noch etwas zu den Rundfunkgeräten jener Zeit. In den sechziger Jahren verfügte noch längst nicht jeder Haushalt über ein Fernsehgerät, obwohl die Zahl der stolzen Besitzer langsam, aber ständig zunahm. Auch daher waren die Radiogeräte ein überaus geschätzter und gehegter Gegenstand. Viele Jungs wünschten sich zur Jugendweihe ein Kofferradio, möglichst mit UKW und der dazugehörigen Teleskopantenne. Die tolle Zeit der Kassettenrekorder begann erst in den Siebzigern. Meist reichte aber das vorhandene Geld nicht aus, konnte doch ein entsprechendes Kofferradio leicht 800 DDR-Mark und mehr kosten (bei Durchschnittslöhnen von 400 bis 600 Mark in den sechziger Jahren) und war auch im Handel bis in die achtziger Jahre schwer zu bekommen. Oft wurde dann zu einem kleineren Modell aus der „Stern"-Reihe, natürlich ohne UKW, gegriffen. Beliebt war zum Beispiel „Stern Party" für 245 Mark. Zum nächsten Geburtstag oder zu Weihnachten gab es dann noch eine lederne Tragetasche dazu und schon war man glücklich. Auch ich verfügte über so ein Wahnsinnsteil. Da ich meinen stolzen Besitz noch weiter verzieren und einmalig machen wollte, pappte ich einen gestohlenen Aufkleber auf die Tragetasche. Der Aufkleber prangte nun direkt auf den in die Ledertasche gestanzten Löchern für den Lautsprecher. Dadurch klang das Radio stets etwas dumpf und der Aufkleber zog sich zu allem Überfluss mit der Zeit noch in die Löcher. Das Ganze wirkte nun etwas merkwürdig, tat aber meiner Freude keinen Abbruch. Leider konnten mangels UKW viele Sender nicht empfangen werden und natürlich ließ auch die Klangqualität viel zu wünschen übrig. Natürlich war es auch weniger prestigeträchtig, ohne ausgezogene UKW-Antenne mit den Kumpels bei „Zigaretten-Martha“ an der Ecke oder in dem Buswartehäuschen an der Christuskirche zu stehen. Dafür gab es an manchen Kofferradios drei Kurzwellentasten. Das sah zwar beeindruckend aus, war aber sinnlos, da nur Rauschen oder russische Sender zu hören waren. Da es Teleskopantennen auch als Ersatzteil zu kaufen gab, bauten manche Zeitgenossen eine solche in ihr Radio ein. Sie hatten deshalb zwar immer noch keinen UKW-Empfang, es sah aber toll aus und wirkte immer noch professioneller als die Variante mit dem aufgesteckten Schweißdraht.

Eines der kleinsten Kofferradios war das „Micky“. Mein Cousin Dietmar verfügte über so ein Gerät. Obwohl es so klein war, hörten wir damit die größten Hits dieser Zeit und hatten viel Freude damit. Da die Originalbatterien zu teuer waren, hatte Dietmar kurzerhand zwei Flachbatterien mit dem Radio verbunden und mit Einweckgummi befestigt. Ich sehe heute noch das kleine Radio in der Küche auf dem Tisch oder auf den Stufen vor unserem Haus stehen.

Ich glaube, der Erste, dem es gelang, ein Radio mit allem drum und dran zu erwerben, war unser Kumpel Botte. Es gab auch noch das „Stern Camping“. Dieses Radio hatte eine etwas eigenwillige Form und seine Skala befand sich auf der Oberseite. Es war damit auch zum Einbau in Autos gedacht. Um das voluminöse Teil am Ende des Armaturenbrettes befestigen zu können, gab es eine ebenso gewaltige Haltekonstruktion. Aber selbst wenn der Einbau glückte und es einem gelingen sollte, sich an dem etwas eigenartigen Anblick erfreuen zu können, war doch das Klangerlebnis auch wegen der sehr lauten Motoren sehr bescheiden.

Es waren auch erstaunlich viele russische Kofferradios im Umlauf, die für ihre Zeit gar nicht mal schlecht waren und auch ganz gut aussahen. Mein Bruder Harry hatte (natürlich im Anker!) eins erworben und auch bei meinem Schulfreund Peter stand ein russisches Exemplar in der Küche. Ich sollte wohl besser sagen „lag in der Küche“, denn das Radio hatte merkwürdigerweise eine dreieckige Form, es konnte also nur hingelegt werden, zumal auch die Seiten des Dreiecks abgerundet waren.

Ansonsten verfügten die meisten Familien über ein großes Röhrenradio mit Holzgehäuse, welches oft mit einem Plattenspieler verbunden war und in den Wohnzimmern in eigens dafür gefertigten Schränken stolz präsentiert wurde. Durch das Holzgehäuse war der Klang recht gut und irgendwie war es auch romantisch, wenn man im dunklen, warmen Wohnzimmer vor der erleuchteten Skala saß und den Stimmen aus der Ferne lauschte. Städtenamen von Stockholm, London oder Innsbruck, die sich auf eben jenner Skala befanden, befeuerten zusätzlich die Fantasie. Es wurden auch oft noch Hörspiele übertragen, die Sprecher verfügten ausnahmslos über prägnante Stimmen und so waren diese Übertragungen manchmal spannender als irgendwelche Fernsehsendungen. Ich weiß, dass auch unsere Martina oftmals diesen Sendungen lauschte und Ähnliches empfand. Da die Röhren dieser Radios erst warm werden mussten, wurde die Empfangsbereitschaft durch ein besonders gestaltete Röhre in der linken oberen Ecke des Radios angezeigt. Diese Anzeige hatte eine runde Form und leuchtete bei Betriebsbereitschaft grün. Die besondere Gestaltung erinnerte entfernt an ein Auge und wurde daher auch „Magisches Auge“ genannt. Nicht jedes Radio war damit ausgestattet und so war der Stolz derer, die über ein solches „Auge“ an ihrem Radio verfügten, natürlich groß. Jahre später, als wir uns schon in „Rekorderzeit“ befanden, meinte mein Kumpel Thomas einmal, dass für ihn nur das Radio „lebendig“ ist. Damals begriff ich nicht, was er meinte, aber heute weiß ich, er meinte den Unterschied zwischen „konserviertem“ und eben „lebendigen“. Beides kann gut sein, jedes hat seine Besonderheiten.

Nach diesem kurzen Ausflug aber nun wieder zurück zu Otto Stein und seiner Werkstatt. Er reparierte alle kurz vorgestellte Rundfunktechnik und noch viel mehr. Ich fand es damals schon beneidenswert, wie er sich seine Arbeitszeit frei einteilen konnte und täglich Umgang mit für mich so hochinteressanten Dingen hatte. Wenn man seine Werkstatt betrat, saß er meist in Filzpantoffeln an seinem Arbeitstisch und hantierte an der Rückseite eines geöffneten Geräts. Gleichzeitig war er auch so eine Art Nachrichtenbörse, denn fast jeder besaß ein Rundfunkgerät und so hatte er auch Kontakt zu fast jedem. Er machte auch Hausbesuche und wusste immer das Neueste in Kleinwittenberg. Er war bei Weitem nicht der Tratsch- und Klatschsucht erlegen, aber wer etwas kaufen oder verkaufen wollte, war stets gut beraten, mal seine Werkstatt aufzusuchen und zu fragen. Damals setzte er auch noch Fernsehantennen auf die Dächer und das waren oft wirklich spektakuläre und teilweise auch recht gefährliche Aktionen. Gemeinschaftsantennen gab es erst später und an Kabel- oder Satellitenempfang war noch gar nicht zu denken. Daher brauchte jeder, der über ein Fernsehgerät verfügte, eine eigene Antenne auf dem Dach. In der Kürschnerstraße 8 durften die Antennen keinesfalls auf dem Dach montiert werden. Das hatte Hausverwalter Krause aus Angst vor Schäden so bestimmt. So blieben nur noch die Giebel übrig und diese waren ziemlich hoch.

Otto Stein übernahm eines Tages von meinem Vater den Auftrag zum Antennenbau. Zuerst setzte er hoch oben am Giebel die Gewindebolzen zur Befestigung der Antenne. Dies allein war schon meisterhaft. Die Bolzen mussten in das Mauerwerk einzementiert werden und später große Lasten und den Winddruck aushalten. Die Öffnungen schuf er ohne Bohrmaschine, nur mit Handbohrer und Handmeißel. Nach dem Aushärten des Zements sollte dann die Antenne gesetzt werden. Der Tag kam heran und der Meister erschien mit einer riesigen, sogenannten Breitwandantenne. Eine mir ewig lang und wacklig erscheinende Holzleiter wurde an den hohen Hausgiebel angelegt. Einem steinernem Schlund gleich, lauerte unter der Leiter der tiefe Kellereingang mit seinem alten Eisengeländer. Es war der gleiche Schlund, der auch Dietmar bedrohte, als er seinen einmaligen Stunt am Blitzableiter drehte. Otto Stein hatte einen breiten Gurt aus Leder umgebunden. Daran befand sich ein ebenfalls lederner Köcher, in diesen stellte er nun den Antennenfuß und der Aufstieg begann. Am Antennenfuß befand sich der jetzt noch zusammengeschobene Teleskopmast mit der gewaltigen Antenne. Das Gewicht und die Größe des gesamten Gebildes waren mehr als beachtlich. Die Antenne schwankte natürlich und konnte nur mit einer Hand in Gleichgewicht gehalten werden, da die andere Hand zum Festhalten an den hölzernen Leitersprossen benötigt wurde. Auf diese Art und Weise bis zum Giebel zu gelangen, glich einem gefährlichen Risikospiel mit möglicherweise tödlichem Ausgang. Schon vom bloßen Zusehen aus der Sicherheit des Hofes wurden die Hände feucht und ich glaube, viele sahen den mutigen Monteur schon zerschmettert auf der Kelleraußentreppe liegen. Aber Otto Stein wusste, was er tat, und die Aktion glückte. Alle waren froh und stolz, als die Antenne ihren Platz am Giebel eingenommen hatte und in späteren Jahren immer mehr erweitert wurde. Zur Feineinstellung musste die Antenne um oft wenige Grad gedreht werden. Das war zwar nicht mehr so gefährlich, aber manchmal etwas langwierig. Eine Person musste dazu die Antenne drehen und eine andere das Bild im Fernseher betrachten. Wenn dieses Bild gut genug war, musste gerufen werden. Da Fernseher und Antenne oft sehr weit von einander entfernt waren, funktionierte dieses Verfahren nur über mehrere Stationen bzw. „Rufer". Diese „Ruferkette" funktionierte stets zu langsam und so hatte die Person an der Antenne diese schon weitergedreht, ehe die Nachricht ankam. Auf dem Bildschirm war schon wieder nur „Schnee" zu sehen und das Ganze begann von vorn. Diese nervige Ruferei erinnerte mich auch immer an die Vorgänge auf einem nicht funktionierenden Segelschiff. Aber letztendlich waren uns alle Mühen egal, denn endlich konnten wir fernsehen und dankten Otto Stein von Herzen.

Übergangslos komme ich nun zu einer ganz anderen, aber ebenso wichtigen Zunft, nämlich den Kleinwittenberger Schneidern. Damals war noch vieles „tailor-made", heute oft ein unbezahlbarer Luxus. Es gab eben noch nicht so viel von der Stange und schwierig wurde es auch, wenn die Wünsche etwas ausgefallen waren. Dann war es gut, wenn man einen möglichst guten Schneider kannte. Die verlangten Preise waren erschwinglich, aber der Stoff musste oft selbst beschafft werden. Ein wichtiger Vertreter seiner Zunft war Schneider Wenzel. Genau genommen lag seine Werkstatt noch in Kleinwittenberg, direkt vor der vom Bach gebildeten Grenze zu Piesteritz. Vor allem für meinen Cousin Dietmar und dessen Kumpels Botte, Bonker, Charlie und andere war dieser Schneider sehr wichtig. Er fertigte die damals bei der Obrigkeit und den älteren Mitbürgern verpönten Schlaghosen nach Maß. Die von Dietmar und Anhang getragenen Schlaghosen aus knallbuntem und mit riesigen Blumen versehenen Cord-Stoff nähte er auch, trotz seines fachkundigen Hinweises, dass dies eigentlich ein Stoff für Röcke sei. Zusammen mit den vom Schuster geschaffenen, leider wenig belastbaren „Beatles“-Hacken lieferte er also wichtige Ausstattungsrequisiten für die Beat-Fans Dietmar und Co. Derselbe Personenkreis saß aber oft auch stundenlang in der Werkstatt, um mit dem wissbegierigen Schneider Wenzel zu plaudern. Viele der älteren Leute, wie auch meine Mutter, gingen immer zu Frau Speck. Diese Schneiderin verrichtete ihr Handwerk in ihrer Wohnung, die sich unweit der Christuskirche befand. Im Zweiten Weltkrieg hatte sie leider ihren Mann verloren, war also eine der um diese Zeit noch häufig anzutreffenden Kriegerwitwen. Diese erhielten in der DDR keinerlei Unterstützung und mussten sehen, wie sie zurechtkamen. In der kleinen Wohnung türmten sich Stoffe, oft auf Ballen gewickelt, aber auch halb fertig genähte Garderobe aller Art. Als Kind staunte ich immer über die vielen Dinge und die typischen Handwerkszeuge, wie z.B. die Schneiderelle, vielerlei Nadelkissen, die großen Schneiderscheren und vieles mehr. Manche

Nadelkissen verfügten über eine Art Armband und wurden von Frau Speck während der Arbeit am Handgelenk getragen. Auch die von ihr verwendete Schneiderkreide fand ich wahnsinnig interessant. Meine Mutter ließ sich als jüngere Frau von ihr ein wunderschönes blaues Kleid mit Goldbesatz nähen. Es gibt noch Fotos, auf denen sie damit zu sehen ist.

Ein leider wenig ruhmreicher Vertreter seines Fachs war Schneider Jüngel aus Kleinwittenberg, genannt „Das tapfere Schneiderlein“. Eines Tages ergatterte meine Mutter von irgendwoher einen Ballen mit damals sehr beliebtem Popelinestoff in braun und Schneider Jüngel erhielt den Auftrag, daraus für meinen Vater und für mich jeweils eine Hose zu schneidern. Kurze Zeit später kam auch Schneider Jüngel mit seinem Maßband zu uns nach Hause und nahm Maß. Dabei sparte er nicht mit Prophezeiungen, wie toll doch die Hosen aussehen würden, die er erst noch zu fertigen gedachte. Überhaupt gab er sich sehr eifrig und begeisterte mich auch mit der Aussage, an meiner Hose die Taschen an der Vorderseite schräg ansetzen zu wollen, etwa so wie an den begehrten Jeanshosen. Das galt als sehr modern und wir freuten uns schon auf das versprochene Produkt. Prompt kassierte er auch Vorschuss und verschwand mit vielen Versprechungen über den Termin der Fertigstellung. Auf die Hosen warten wir noch heute und den Vorschuss ließ er sich im „Goldenen Anker“, dessen fast täglicher Besucher er war, sicherlich durch die Kehle rinnen. Für den Malermeister Thiele aus der Robert-Koch-Straße sollte er ein Sakko fertigen, welches dieser zu einem feierlichen Anlass und in seiner Eigenschaft als Obermeister der Malerinnung zu tragen gedachte. Nach dem obligatorisch gezahlten Vorschuss und zahlreichen Ermahnungen sollte endlich der Tag der letzten Anprobe kommen. Das Sakko war erst halb fertig, Ärmel und Taschen waren noch mit Stecknadeln provisorisch befestigt. Das Ergebnis der Anprobe muss höchst unbefriedigend ausgefallen sein. Ein Ärmel war zu kurz, die Schulter schief, es stimmte einfach gar nichts. Das tapfere Schneiderlein tanzte immerzu um den stattlichen Meister Thiele herum und zupfte da und dort, ohne eine Besserung erzielen zu können. Während der ganzen Prozedur musste der Meister möglichst unbeweglich vor dem Spiegel ausharren und kam sich allmählich ob des Anblicks wie eine schlecht geratene Karikatur seiner selbst vor. Sein Gesichtsausdruck wurde immer fassungsloser und schließlich riss er sich voller Wut das schiefe Sakko vom Körper und trampelte darauf herum. Damit war die Zusammenarbeit beendet.

Dabei muss Schneider Jüngel ursprünglich gar nicht schlecht in seinem Beruf gewesen sein. Er war einstmals bei Schneidermeister Vollmer in Piesteritz angestellt und dieser beschäftigte eigentlich nur gute Leute. Wahrscheinlich hatte sein allzu häufiger Kontakt mit diversen Getränken aus dem „Anker“ seinen Blick getrübt und seine Zeit etwas beschnitten.

Zu einem anderen „Herrn der Schere“, dieses Mal allerdings zum Haareschneiden verwendet, möchte ich im Folgenden kommen. Unweit des ehemaligen Kulturhauses „Hermann Kürschner“ befand sich der Salon des Friseurmeisters Hans P. In diesem Salon erhielten wir viele Jahre unsere etwas eigenartigen Frisuren. Auch hier diente das Zusammentreffen beim Friseur den Älteren zu unendlichen Gesprächen, bei denen Dichtung und Wahrheit oft nur sehr schwer zu trennen waren. Meister P. tat dabei eifrig mit, hatte er doch im Zweiten Weltkrieg bei der Kriegsmarine gedient und konnte daher viel zu den damals noch häufig zu hörenden Kriegsgeschichten beitragen. Wer etwas Kenntnis besaß, wusste allerdings, daß die deutschen Kriegsschiffe während fast des gesamten Kriegsverlaufs bewegungslos in norwegischen Fjorden festsaßen und kaum an Kampfhandlungen beteiligt waren. Zudem war Meister P. auch damals schon Friseur auf dem Schiff und bestimmt kein Elite-Matrose. Da dies viele Zeitgenossen wussten und auch wegen seiner sonst recht abenteuerlichen Geschichten, wurde er „Schmäch- Hans“ (Lügen-Hans) genannt. Einmal beim Erzählen in Fahrt gekommen, konnte er durchaus auch schon mal seine Kunden auf dem Friseurstuhl vergessen. In einer Rasierschale glimmte meist seine Zigarre vor sich hin, die aber auch immer wieder neu entzündet werden musste, da gleichzeitiges Fabulie ren und Zigarrerauchen ihn zu überfordern schienen. Neben seinem Kassen-Pult stand meist auch eine Bierflasche mit dem damals üblichen Schneppsverschluss, welche auch regelmäßig bedient werden wollte. Solchermaßen in Anspruch genommen, vergaß er einmal auch mich. Ich befand mich noch im Kindesalter und saß auf einem über die Seitenlehen des altertümlichen Friseurstuhls gelegten Brett. Der Meister hatte mir schon den Umhang umgebunden und diesen am Hals mit einer Art straff sitzenden Toilettenpapier abgedichtet. Ich wagte es nicht, mich zu bewegen und fing irgendwann zu heulen an. Mein Vater, der mich abholen wollte, rettete mich und sprach zum Meister: „Hans, du kannst doch den Jungen nicht so lange warten lassen!“

Sich tausendmal entschuldigend, begann dieser nun endlich mit dem Haarschnitt. Da er aber immer noch mehrere der oben beschriebenen Tätigkeiten ausüben musste und daher oft nur ein oder zwei Schnitte machte, sah das Ergebnis ziemlich unregelmäßig aus. Es entstand eine Art "P.'scher Stufenschnitt". Überhaupt gab es damals nur „Rundschnitt" für 1,20 Mark oder „Fasson" für 80 Pfennige. Bei „Fasson" sah man immer wie ein Soldat der Wehrmacht aus. Heute wieder modern, war das Ganze für uns damals ein Graus. In einem modernistischen Anflug ließ mir Meister P. auch mal eine seltsam anmutende Tolle stehen. Das kurz darauf gefertigte Passbild von mir veranlasste meinen Kumpel Thomas dazu, mich ärgerlicherweise als „jungen Hitler" zu bezeichnen. Ich muss aber zugeben, dass sein Vergleich nicht ganz unzutreffend war, mir fehlte nur der Schnauzbart.

Die Einrichtung des Salons, einschließlich der Stühle, schien wirklich noch aus Kriegs-oder Vorkriegszeiten zu stammen. Vielleicht hatte „Schmäch-Hans" sie auch vom Kriegsschiff mitgebracht. Von der Decke des Salons hingen unheimlich aussehende Elektromotoren aus braun gestrichenem Metall, welche bedrohlich brummten. Die damit verbundenen Haarschneidemaschinen rupften schmerzhaft und warfen manchmal den Kopf hin und her. So bot man oft den Anblick eines Dummies bei einem Crash-Test. Auf Empfindlichkeiten irgendwelcher Art wurde allerdings damals wenig Rücksicht genommen. Ironischerweise befand sich im Flur vor dem Salon ein großer Spiegel. Hier konnte man das oft furchtbare Ergebnis des Friseurbesuchs in Ruhe betrachten und sich dann unglücklich trollen.

Mein Cousin Peter, der sein schönes Haar schulterlang trug, wurde eines Tages überredet, mit mir zusammen diesen Friseur aufzusuchen. Ich wusste ja bereits, was uns erwartete und war damit klar im Vorteil. Peter ahnte noch nichts, aber als wir nach erfolgtem Haarschnitt in den bewussten Spiegel sahen, war sein Entsetzen groß. Er erkannte sich offensichtlich nicht mehr! Wie in Zeitlupe entgleisten seine Gesichtszüge, sein Mund verzog sich und er weinte bitterlich. Allerdings sahen die Jungen, die zu Hause ihre Haare geschnitten bekamen, oftmals noch viel schlimmer aus. Ich erinnere nur an den bereits erwähnten Hubert aus unserer Kürschnerstraße. Manche bekamen auch wirklich nur einen Topf aufgesetzt und um diesen herum wurden dann die Haare abgeschnitten. Dabei entstand der berühmte „Topfschnitt", eine ganz eigene Kreation. Da die Haarform nun tatsächlich wie ein Topf aussah und nichts aus der Haardicke herausgeschnitten wurde, sahen die damit versehenen bedauernswerten Geschöpfe so aus, als würden sie ständig einen Helm tragen. Da zogen wir doch wirklich noch Meister P.s Haarschneidekünste vor.

Wenn auch viele der in seinem Salon dargebotenen Kriegsgeschichten aus Nord-Norwegen Dichtung und Wahrheit arg vermischt haben mögen, lauschte ich ihnen gern. Auch die bei ihm ausliegenden illustrierten Zeitungen waren für mich interessant. So gab es in der Zeitschrift „NBI" eine schön bebilderte Geschichte über Süßwasserfische. Damals begann ich gerade mit dem Angeln und hätte mir die Zeitungen am liebsten eingesteckt. Das traute ich mich dann aber doch nicht, zumal die Zeitungen auch noch in altertümlichen Klemmstöcken zusammengefasst waren. Nebenan befand sich übrigens noch der Damen-Salon, mit dem man naturgemäß weniger zu tun hatte. Damit möchte ich meinen kleinen Rundgang durch die Kleinwittenberger Handwerkerschaft beenden. Auch hier bleibt vieles unerwähnt und vielleicht späteren Schilderungen vorbehalten. Erwähnt werden sollte aber doch noch die Existenz vieler Handwerkssparten, die so typisch für Kleinwittenberg waren. Ich möchte an dieser Stelle nur an den Segelmacher Hamann, an mehrere Fischermeister und den Bootsbauer Hille erinnern.

Vielleicht nicht gerade dazu passend, aber vielleicht doch – wir sind ja noch bei den Handwerkern, möchte ich noch einen für jene Zeit typischen Zahnarztbesuch (alle Zahnärzte dieser Welt mögen mir meinen despektierlichen Vergleich verzeihen!) schildern. Meistens wurde immer der gleiche Zahnarzt aufgesucht, auch wenn dessen Leistungen als nicht zufriedenstellend empfunden wurden. Ein gewisses Beharrungsvermögen spielte dabei eine Rolle, aber es war auch gar nicht so einfach, den Arzt zu wechseln. In den frühen Jahren trat ich immer an der Hand meiner Großmutter den schweren Gang an. Dabei beschlich mich grundsätzlich das Gefühl, zur Hinrichtung geführt zu werden. Meine Großmutter, die in ihrem ganzen Leben keinen Zahnarzt besuchte, hatte noch mehr Angst als ich. Sie ließ sich natürlich auch jetzt nicht behandeln, aber schon der Zahnarzt selbst mit seinem schrecklichen Instrumentarium jagte ihr eine Heidenangst ein. Und so wackelten wir beide mit schon vor Angst schlotternden Knien zur Bushaltestelle am „Wittol-Werk“. Es fuhren noch Doppelstockbusse in Wittenberg und ich freute mich schon darauf, oben sitzen zu dürfen. Aber leider hatte meine Großmutter auch davor Angst, denn die alten Busse wackelten vor allem bei starken Wind beträchtlich. Das bekam man in der oberen Plattform natürlich besonders zu spüren und fühlte sich dann wie auf einem alten Segelschiff vor Kap Hoorn. Allerdings war die Aussicht schön. So liefen wir oft in die Stadt, manchmal auch, um das damals noch geringe Fahrgeld zu sparen. Am Schloss vorbeilaufend erreichten wir schließlich das Domizil von ZA H. in der vorderen Schloßstraße. Er verfügte über eine von drei Zahnarztpraxen in dem alten und stattlichen Haus. Die Einrichtung war natürlich vom Stil jener Jahre geprägt und alles andere als ermutigend. Noch schlimmer war allerdings das Instrumentarium zur eigentlichen Zahnbehandlung. Alles sah uralt aus (und war es wahrscheinlich auch), die Antriebswellen und Seilzüge für die Bohrmaschine lagen frei und auch hier drängte sich der Vergleich mit Vorkriegs- oder Kriegszeiten auf. Ich kannte diese Zeiten natürlich nur aus Erzählungen oder Filmen, aber Ähnlichkeiten waren für mich einfach offensichtlich. Und dann der Zahnarzt selbst! Ein kleiner, gedrungener Mann mit einem Gesicht zum Eierabschrecken und in einen altertümlichen weißlichen Arztkittel gewandet, welcher auf dem Rücken zu schließen war. Dazu passten dann auch die kleine, runde Nickelbrille und ein barscher Kommandoton. Manchmal waren auch diverse Blutflecken auf den Ärmeln seines Kittels unübersehbar. Auch hier dachte ich sofort wieder an einschlägige Filme über KZs oder an Folterszenen. Das war natürlich übertrieben, ich durfte ja so etwas noch gar nicht kennen. Und doch hatte ich entsprechende Filme (meist über den antifaschistischen Widerstand) schon gesehen.

Die Behandlung bei ZA H. war grundsätzlich immer äußerst schmerzhaft. Turbinenbohrer mit Wasserstrahl gab es in seiner Praxis nicht. Der Bohrer drehte äußerst langsam, sodass der Schmerz wirklich genossen werden konnte und zu allem Überfluss war der Geschmack im Mund so, als hätte man ein heißes Stück Bremsbelag vom Auto gegessen. Wer es nicht mehr aushielt und eventuell einen Schmerzenslaut wie etwa „Aua“ von sich gab, bekam von ZA H. auch schnell mal eine Backpfeife, die wahrscheinlich sedierend wirken sollte. Aber mancher Patient wehrte sich auch, so gut es eben ging.

Als ich mal wieder diese ungastliche Stätte aufsuchen musste, sah ich ZA H., wie einen Indianer den Totempfahl, seinen uralten Behandlungsstuhl tänzelnd umrunden. Dabei rief er nun selbst unablässig „Aua“ und hielt sich seine Hand. Eines seiner Opfer hatte ihn kräftig in die Hand gebissen und war anschließend geflüchtet. Angesichts dieser Vorfälle und der ansonsten schrecklichen Geräusche aus dem Behandlungszimmer folgten auch viele der Wartenden ihrem Fluchtinstinkt. Der Rest hockte mit oft vor Angst riesigen Augen fatalistisch auf den Holzstühlen. Dieser Rest hatte meist schon das SV-Buch abgegeben und konnte daher nur noch schwerlich türmen. Dieses Büchlein der Sozialversicherung musste vor jeder Behandlung abgegeben werden. Es waren alle medizinischen Maßnahmen, Arbeitsplätze, Durchschnittslöhne und Sonstiges darin eingetragen. So stempelte auch die Zahnarzt-Helferin den Zahnarztbesuch ein und gab es dem entsprechenden Patienten nach der Behandlung wieder. Kinder hatten eine sogenannte Kinderkarte. Die Abgabe des SV-Buches oder der Karte war immer der entscheidende Moment, denn nun hatte man sich ob der Wichtigkeit des Dokumentes endgültig in sein Schicksal, nämlich der Behandlung, gefügt. Übrigens finde ich dieses Büchlein angesichts der heutigen Zettelwirtschaft gar nicht mal schlecht.

Wenn ich die Behandlung tapfer und weitestgehend unverletzt überstanden hatte, dann ging meine Großmutter mit mir ein paar Schritte weiter bis zum Markt. Dort arbeitete meine Mutter in einem großen Kuchenladen (ehemals Café Stock). In Vitrinen waren zahlreiche Köstlichkeiten wie Nougattorten, Schillerlocken und anderes köstliches Backwerk zu sehen. Weil meine Großmutter und ich so todesmutig allen Gefahren getrotzt hatten, durften wir uns das Schönste zum Verzehr aussuchen. Auf dem Hinterhof des Ladens wohnte in einem halbverfallenem, aber trotzdem irgendwie malerischen Häuschen die alte Frau Hegenbarth. Sie war alleinstehend und half meiner Mutter viel bei den Dingen, die zum Betrieb des Ladens erforderlich waren. Sie hat meiner Mutter auch oft zum Mittag ein Schnitzel gebraten und Kaffee gekocht. Auch ich war in ihrem kleinen Häuschen mit den vielen Vögeln. Im Winter verströmte der alte, große Küchenofen behagliche Wärme und im Hof hörte man das bekannte Wittenberger Röhrwasser laufen. Schnee bedeckte den uralten Hof, ich saß im Warmen bei einem schönen Stück Torte und fühlte mich sehr, sehr wohl. Dieser pittoreske Hinterhof, das vom Schnee reflektierte Licht und das vertraute Murmeln des Röhrwassers gehören auch zu jenen Eindrücken, die für immer in meinem Gedächtnis gespeichert sind. Im Sommer brachte uns Frau He genbarth mit einem betagten Handwagen manchmal Brennholz, eine Schinderei für die alte Frau, von der sie sich aber einfach nicht abhalten ließ.

Allgemeinärzte wurden nur höchst selten aufgesucht und nur dann, wenn es gar nicht mehr anders ging. Erst wurden alle alten Hausrezepte ausprobiert und die halfen gerade bei uns Kindern tatsächlich sehr oft. Bei Erkältungen wurde ein warmer Kleiesack auf das „Brustel" gelegt und ekelhaft schmeckender Zwiebelsaft verabreicht. Wenn es komplizierter wurde, sah meine Großmutter in ihrem zweibändigen Buch „Die Hausärztin"nach. Dieses in ihrer sudetendeutschen Mundart „Doktor-Bichel" genannte Werk hatte sie noch aus ihrer Heimat mitgebracht. Manchmal war das auch hilfreicher, als den alten Doktor Lominski aufzusuchen. Der damals schon etwas betagte Mediziner sah nämlich auch erst immer in den Büchern nach, bevor er eine seiner zweifelhaften Diagnosen wagte. Deshalb wurde er oftmals auch „der Buchdoktor" genannt. Wie bereits erwähnt, übte er im Wechsel mit Doktor Dosch auch manchmal das Amt des Ringarztes bei den Piesteritzer Boxkämpfen aus. Seine Praxis befand sich im Eingangsbereich des „Capitol-Kino".

Wer schon arbeiten ging und gern mal krankgeschrieben werden wollte, besuchte oft die Praxis von Dr. Blütchen. Diese befand sich auf dem Wittenberger Kirchhof und war durch einen schmalen „Schlupf" vom Marktplatz her zu erreichen. An dem Haus auf der linken Seite des Durchgangs (gleich neben dem damaligen „Foto. Optik") war ein Schild mit der Aufschrift „Dr. med. W. Blütchen – Praktischer Arzt und Geburtshelfer" angebracht. Die Praxis selbst befand sich in einem der oberen Stockwerke und oft saßen die Wartenden schon vor Beginn der Sprechstunde auf der Treppe. Mein Cousin Dietmar wollte auch gern mal zu Hause bleiben, war aber ungeschickt genug, "starke Magenschmerzen" als Beschwerdebild anzugeben. Nach einer entsprechend guten schauspielerischen Darstellung schickte ihn Dr. Blütchen prompt in das Paul-Gerhard-Stift. Zwei Tage musste er dort bei schmaler Kost verbringen, obwohl ihm natürlich gar nichts fehlte. Der Arzt sortierte und dirigierte seine Patienten gern durch Gesten der rechten Hand. Diese Gesten hatte er sich wahrscheinlich bei Militärärzten abgeguckt, die gleichfalls gern so agierten. Jedenfalls klagte Dietmar in Zukunft nicht mehr über seinen Magen. Er ersann andere Symptome und Dr. Blütchen war nicht kleinlich mit Krankenscheinen.

Allgemein muss ich sagen, dass wir als Kinder und junge Erwachsene nur sehr selten krank waren. Wir waren viel an der frischen Luft und spielten gern in nicht so klinisch reinen Umgebungen. Kaum einer von uns war wirklich übergewichtig, Völlerei und Fastfood kannten wir einfach nicht. Antibiotika wurden äußerst sparsam und nur ganz gezielt verschrieben. Dies alles trug sicher mit dazu bei, nur selten einen Arzt zu benötigen.

Eine ganz besondere Spezies der Äskulap-Jünger waren auch manche Poliklinikärzte. In Piesteritz befand sich die Poliklinik „Dr. Friedrich Wolf“. Träger war das Stickstoffwerk Piesteritz. Viele ärztliche Disziplinen waren günstigerweise unter einem Dach vereint. Es gab zweifellos einige sehr fähige Ärzte unter den dort Agierenden, aber leider auch einige Vertreter ihrer Zunft, die mehr Funktionär als Arzt waren. Dazu gehörte auch die Ärztliche Direktorin, Frau Dr. K. Diese zog immer am Montagmorgen ihre Runden durch das Haus. Zu diesem Zeitpunkt waren die Bänke der Warteräume oft mit Lehrlingen besetzt, die am Wochenende manchmal etwas zu heftig auf der Disco zugange gewesen waren. Ohne weitere Anhörung wurden diese sofort wieder zur Arbeit geschickt. Ich fand dieses Verhalten seinerzeit gar nicht mal so schlimm, obwohl sich neben denen, die lediglich krankfeiern wollten, auch tatsächlich Kranke befanden. Ich hatte oft den Eindruck, dass man als junger Mensch einfach nicht krank zu sein hatte. Schlimmer fand ich schon das Verhalten mancher dieser „Arztfunktionäre“ gegenüber bestimmten Arbeitern, die sich in der recht oft ungesunden Atmosphäre ihres Arbeitsplatzes im alten Südwerk einen Leberschaden zugezogen hatten. Obwohl einige von diesen bedauernswerten Leuten nachweislich gar keinen Alkohol tranken, wurden sie in schöner Regelmäßigkeit als Säufer betrachtet und behandelt. Es konnte ja keinesfalls zugegeben werden, dass irgendwas in der sozialistischen Produktion ungesund für die Menschen wäre oder vielleicht gegen Arbeits- und Umweltschutz verstoßen werde. Dieses staatlich vorgegebene Sakrileg durfte keinesfalls verletzt werden. Darüber wachten die von mir beschriebene Personengruppe in den weißen Kitteln peinlich genau und in manchmal, so schien es mir jedenfalls, vorauseilendem Gehorsam. Ich habe mir allerdings sagen lassen, dass es heute auch schwierig ist, mit Schadensersatzforderungen wegen am Arbeitsplatz zugezogener Leiden durchzukommen. Dies soll aber keinesfalls die damaligen Vorgänge relativieren. So mancher Poliklinik-Arzt oder auch verschiedene andere Vertreter der niedergelassenen Ärzte könnten von mir noch beschrieben werden. Aber auch hier möchte ich mich auf eine kleine, aber typische Auswahl beschränken.

Da ich vorhin den Begriff „klinisch reine Umgebung“ verwendete, möchte ich vielleicht zum Schrecken heutiger Leser verraten, dass wir uns auch gern auf Ascheabladeplätzen, sogenannten „Aschkeiten“, herumtrieben.

Die größte davon befand sich ungefähr auf dem Gelände der heutigen Hafenbrücke. Wie um dem Ganzen eine anheimelnde Atmosphäre zu verleihen, durchzog ein großer Abwasserkanal, ähnlich einem mittleren Fluss, das ganze Gelände. In diesem Kanal floss das gesamte Abwasser der Stadt Wittenberg ziemlich ungereinigt in die Elbe. Am Ufer dieses „Flüsschens" habe ich oft Ratten von der Größe ausgewachsener Kaninchen beobachtet. Die Nager schienen schon sehr alt zu sein, denn die Rücken sahen tatsächlich aus wie mit Moos bewachsen. Die Bedingungen, um recht alt zu werden, können auch tatsächlich als optimal betrachtet werden. Den Wittenbergern ist das „Flüsschen", man verzeihe mir das Wort, auch als „Scheißekanal" in Erinnerung. Jenseits dieses Kanals wurde die Asche aus den damals noch vorwiegend mit Kohle beheizten Haushalten, aber auch allerlei Sperrmüll und Schrott abgeladen. Das war das für uns Interessante. Zwischen der oft noch qualmenden Asche stocherten wir mit Stöcken herum. Die Leute warfen ja alles Mögliche auf diese Plätze und immer war noch etwas eventuell Brauchbares zu finden. Ich fand zum Beispiel an einem trüben Märztag, daran erinnere ich mich seltsamerweise genau, einen Karton mit Zinnsoldaten. Mein Kumpel freute sich über ein exotisch aussehendes Muschelgehäuse, welches er mit seinem Stock erbeutet hatte. Wir glaubten wirklich daran, das Meer zu hören, wenn die Muschel an das Ohr gehalten wurde, aber leider war es nur der Wind. Vieles mehr war zu finden und oft auch ältere Leute suchten nach Gläsern für den Altstoffhandel oder nach Schrott. Auch die alte Frau Hertel, Mutter von meines Bruders Kumpel Dieter, versuchte auf diese Weise, ihre kärgliche Rente aufzubessern, gab es doch für alte Gläser und Flaschen etwas Geld, ebenso wie für Schrott. So dumm es klingt, ich hatte auch den Geruch der qualmenden Asche gern und spannend war es allemal. Man konnte ja nie wissen, was für Funde auf einen warteten! Auch im Jolly-Park war eine Zeit lang eine „Aschkeite“ zu finden. Auf dem Rückweg von der Schule legte ich dort zusammen mit meinem Schulfreund Peter manchmal einen Halt ein. Meistens machten wir ein „Feuerchen“ und verwendeten dazu gestohlene „Stritzkis“, auch „Streichhölzer“ genannt. Aber davon später mehr. Es wäre überhaupt eine Strafe für uns gewesen, den ganzen Tag zu Hause zu hocken.

In den frühen Kindheitstagen war, wie schon erwähnt, unser Hof der ideale Spielort. Hier trieben wir nicht nur unsere Streiche, sondern spielten auch ausgiebig. Die meisten der Spiele erforderten keinen großen Aufwand und machten uns trotzdem riesigen Spaß. Wir spielten Verstecken im gruseligen Keller. Wie ich schon beschrieb, kam es dabei zu so manchem „Zwischenfall“. So legte sich der damals noch nicht so große Dietmar auf eine Stufe der in das untere Gewölbe führenden Steintreppe. Meine Schwester trat auf der Suche nach ihm auf seinen weichen Körper und schrie vor Schreck auf. Sie glaubte wahrscheinlich, auf eine Leiche zu treten. Silvia wurde fast von der nur angelehnten schweren Bunkertür erschlagen. Ein ähnlich gefährliches Spiel war „Erhängen“. Ein etwas morbides „Spiel“, bei dem mein Cousin Dietmar als Henker meine Schwester an einer um seinen Hals gelegten Schlinge die Teppichklopfstange hochzog. Dabei beobachtete er gespannt deren Reaktionen bei der Scheinhinrichtung. Heute fragt man sich …??? Ein weiteres beliebtes „Spiel“ aus dieser Reihe war „Ohnmacht“. Dabei drückten zwei „Mitspieler“ mit beiden Fäusten auf den Brustkorb der gern an Krauses Schuppen gelehnten Versuchsperson. Die bei Luftmangel erlebten Erscheinungen wurden dann voller Interesse ausgewertet. Recht grausam war es auch, gefangene, der Flügel beraubte Fliegen in ein Spinnennetz zu setzen und die herbeieilende Spinne bei ihrem Festmahl zu studieren. „Very strange“, kann man nur sagen!

Aber die meisten unserer Spiele waren dann doch weitaus harmloser. So spielten wir viel mit Murmeln Das Spiel nannte sich „Tackern“. Dazu wurde ein kleines Loch ausgehoben und dann versucht, die Murmeln über eine bestimmte Strecke darin zu versenken. Das Problem dabei waren meist die Murmeln. Diese hatten anfangs eine metallisch glänzende Oberfläche in verschiedenen Farben und waren in ihrem Netz hübsch anzuschauen. Nach den ersten Kollisionen platzte aber der glänzende Überzug stückweise ab. Nun war der braune Ton schön zu sehen und die Kugel rollte nicht mehr richtig. Abhilfe gab es in Form von Glasmurmeln. Die sahen noch besser aus, vor allem, wenn in ihrem Inneren auch noch ein Rauchmuster zu sehen war. Diese Murmeln gab es allerdings sehr selten. Sie wurden einzeln in verschiedenen Farben im Spielzeugladen verkauft. Ich war stets auf der Jagd nach ihnen, aber zusätzlich zur mangelnden Verfügbarkeit war auch mein Budget natürlich sehr begrenzt. Diese Murmeln haben mich seinerzeit so begeistert, dass ich heute noch ein Säckchen mit meinem „Besitz“ von damals verwahre. Dann konnte auch noch mit Pfennigen „gepimpert“ werden. Einen geringen Aufwand erforderte auch das Spiel „Der Plumpsack geht rum“. Die Regeln kenne ich nicht mehr genau, ich weiß nur noch, dass alle im Kreis sitzen mussten. Jemand ging dann außen herum, sang immerzu „Der Plumpsack geht rum, dreht euch nicht um…“ und ließ dann etwas hinter dem Rücken eines der Sitzenden fallen. Dann gab es noch „Land klauen“, „Hopse“, als tolle Erweiterung „Gummihopse“ und vieles mehr. Bei Verfügbarkeit eines Balls konnte auch „Matt, Müde, Tot, Asche“ und „Völkerball“ gespielt werden. Ich entsinne mich auch noch eines Spieles, bei dem immer gerufen wurde „Herr Fischer, Herr Fischer, wie hoch ist das Wasser?“. Später kamen dann noch die bereits erwähnten fulminanten Federballspiele hinzu, bei denen mein Bruder Harry und Martina den ewigen Rekord für ein ununterbrochenes Spiel aufstellten.

Im Winter rodelten wir an der Elbe, bauten Schneemänner, Iglus und versuchten sogar erfolglos Ski zu laufen. Da wir immer „Materialprobleme“ hatten, rodelten wir notfalls auch mal auf dem Hosenboden. Das gab zu Hause anschließend natürlich mächtig Ärger, tat aber der Freude keinen Abbruch. Und was taten wir nun, wenn wir wirklich mal in der Wohnung bleiben mussten? Auch da wurde es nicht langweilig. Für diesen Fall hatten wir unser „Spielemagazin“ mit vielen Brettspielen wie Dame, Mühle, Hal- ma und „Mensch, ärger dich nicht“. Auch das tolle Fußballspiel von Harry und ein Angelspiel mit Magnet leisteten gute Dienste. Für das Spiel „Stadt, Land, Fluss“ wurden nur Papier und Stift benötigt. Auch meine Mutter schätzte dieses Spiel. Allerdings hatte sie immer Namen von Flüssen und Städten aufgeschrieben, die kein Mensch kannte. Stur behauptete sie aber immer, dass diese tatsächlich in ihrer alten Heimat Sudetenland existierten, und ließ sich prompt die volle Punktzahl geben. Sie spielte auch mit uns gern Karten, wie zum Beispiel „Schwindel-Dorak“. Unter uns nutzten wir die Karten für „66“, „Mau“ oder auch mal „Schwarzer Peter“. Malen und Zeichnen waren ebenfalls sehr beliebt.

Zum Schluss möchte ich kurz noch unsere Mitspielerin Silvia erwähnen. (Ja, die mit der Kellertür!). Dieses bedauernswerte, von der Natur nicht gerade verwöhnte Geschöpf, erhielt von ihrer gestrengen, rotgesichtigen Mutter für jeden entdeckten Streich ordentlich Prügel. So war es bei dem von Veronika ausgeheckten Streich mit der „Tintenhand“, bei dem auch Silvia mitwirkte. Wie man dem immer roten Gesicht der Mutter unschwer entnehmen konnte, war sie eine große Liebhaberin von selbst gemachtem Wein, der in großen Ballons die Wohnung zierte. Natürlich wollten auch meine Schwester Medy und eben Silvia die Qualität des edlen Saftes prüfen. Der dafür verwendete Strohhalm brach bei der geheimen Untat leider ab und landete gut sichtbar und unentfernbar im Ballon. Prompt trat wieder der bei Bestrafungen von der Mutter gern verwendete Holzpantoffel in Aktion und man konnte durch das geöffnete Fenster oft den Tanz dieses Requisites auf Silvias Körper verfolgen. Ich weiß nicht, ob dieser oft gesehene Streifen das Prädikat „Pädagogisch wertvoll“ verdienen sollte, aber so war es eben damals bei Silvia. Der Fernsehkonsum hatte in jenen Jahren längst nicht den heute oft anzutreffenden Umfang.

Ich möchte aber dieses Kapitel nicht beschließen, ohne die wichtigsten Sendungen und Filme zu erwähnen, die damals gesendet und von uns mal mit größter Begeisterung gesehen oder eher mit Stöhnen zur Kenntnis genommen wurden. Ansatzweise habe ich des öfteren diese oder jene

Fernsehsendung oder auch entsprechende Filme bereits erwähnt. In den Sechzigern waren die wichtigsten Sendungen im Fernsehen für die jungen Beat-Fans ohne Zweifel der „Beat-Club“ mit Uschi Nerke u.a. und „Studio B“ mit Chris Howland alias „Pumpernickel“. Alle neuen Gruppen und Sänger wurden in diesen Sendungen vorgestellt und durften keinesfalls verpasst werden. Ob „Beatles“ oder „Rolling Stones“ oder andere – sie alle waren für uns meist zuerst in diesen beiden Sendungen zu sehen. Ende des Jahrzehnts erfolgte die Ablösung durch die für uns Jüngere ebenso populäre „Hitparade“ mit Dieter Thomas Heck („Hier ist Berlin“) oder Ilja Richters „Disco“. Auch der „Musikladen“mit Manfred Sexauer und der schon vom „Beat-Club“ bekannten Uschi Nerke startete. Diese Musikformate (Tolle Formulierung von heute!) begleiteten uns manchmal bis in die achtziger Jahre. Für unsere Eltern waren Beat-Sendungen allgemein suspekt, zumindest unverständlich, da sie mit den „Hippies“ und „Gammlern“ und deren Musik rein gar nichts anfangen konnten. Nur den einen oder anderen Schlagersänger mochten sie, sehr gern auch Roy Black (Bernd Nagli) mit „Ganz in Weiß“ oder etwa Freddy Quinn mit „Junge, komm bald wieder“, “Hundert Mann und ein Befehl“ u.a. Zumindest verboten sie uns den Genuss unserer Lieblingssendungen nicht. Allerdings gab es auch Ausnahmen, wie den Vater von Medys Freundin Monika. Dieser verbot der ganzen Familie aus ideologischen Gründen das gesamte Westfernsehen. So weit gingen unsere Eltern natürlich nicht, aber wir mussten, sozusagen als Ausgleich für unsere Beat-Sendungen, auch ihnen genehme Beiträge mitansehen. So durfte ich unzählige Male „Willy Schwabes Rumpel- kammer“ im DDR-

Fernsehen „genießen“. Unter den Klängen der „Nußknacker-Suite“ stieg Willy Schwabe mit einer Laterne in Hand auf einen alten, mit zahlreichen Requisiten ausgestatteten Dachboden und präsentierte Ausschnitte aus uralten UFA-Filmen. Die älteren Leute damals, welche die in Filmen gezeigten Zeiten noch miterlebt hatten, waren begeistert. Bei uns jüngeren hielt sich die Freude über dss Gesehene in eher engen Grenzen. Allerdings muss ich zugeben, manche alten Filme wie die „Feuerzangenbowle“ mit Heinz Rühmann oder „7 Jahre Pech“ mit Theo Lingen und Hans Moser bis heute gern zu sehen. Einer der absoluten Lieblingsfilme meiner Mutter war die „Große Freiheit Nr. 7“ mit Hans Albers in der Hauptrolle. Und, ja, ich gebe es zu, auch nicht ganz unbeeindruckt geblieben zu sein, wenn der „Blonde Hans“ im Hippodrom sein „La Paloma“ oder „Goodbye, Johnny“ sang.

Die sogenannten „Mantel- und Degenfilme“ waren ungemein beliebt, ich sah im Fernsehen unzählige Male „Die drei Musketiere“ oder „Der Gejagte – Ritter der Nacht“ mit dem unvergleichlichen Jean Mareis in der Hauptrolle. Die Schwarz-Weiß-Krimis von Edgar Wallace, wie z. B. „Der Hexer“, „Der Zinker“, „Das Gasthaus an der Themse“ waren ebenso wie die zweiteilige Verfilmung von Francis Durbridges „Das Halstuch“ wahre Straßenfeger in den Sechzigern. Western, von denen bis heute einige zu meinen Klassikern zählen, wie z.B. „Zwölf Uhr mittags“ (High Noon) mit Gary Cooper, „Winchester 73“ oder „Rio Bravo“ mit John Wayne und noch einige andere verpasste ich nie. Auch an die Thriller von Alfred Hitchcock wie „Psycho“ und „Die Vögel“ kann ich mich erinnern. Das waren natürlich keine Filme für Kinder, aber so genau wurde damals nicht hingesehen. Ich gruselte mich auch über den von Christopher Lee hervorragend gespielten Grafen Dracula oder über „Dr. Frankenstein“. Es gab spannende Abenteuerfilme wie „Der Flug des Phoenix“ mit Hardy Krüger oder „Meuterei auf der Bounty“ mit dem von Charles Laughton unvergleichlich gespielten Kapitän Bligh. Sehr gern gesehen waren auch Western-Serien wie „High Chaperal“, „Am Fuß der Blauen Berge“, „Bonanza“ oder „Rauchende Colts“. Selbst meine Großmutter war ein Fan gerade der letzteren Serie. Wenn Sheriff Matt Dillon, das Gesicht wie aus Stein gemeißelt, vor die Tür von „Kitty‘s Saloon“ trat, bog meistens gerade die Postkutsche aus Laremy um die Ecke. Der Wind trieb ein Reisigbündel über die verlassene Straße der Westernstadt, gleich würde es zu einer Schießerei kommen. Meine Großmutter rutschte aufgeregt in ihrem Sessel herum und sah mit großen Augen auf den kleinen Schwarz-Weiß-Fernseher. Heute denke ich manchmal, dass meine Großmutter annahm, die jeweilige Handlung finde tatsächlich statt und wäre nicht nur gespielt gewesen. Endlos konnte sie über die Bösewichter im Fernsehen schimpfen. Gar nicht leiden konnte sie den deutschen Schauspieler Gert Fröbe. Dieser hatte in dem Streifen „Es geschah am hellichten Tag“ einen Kindermörder verkörpert. Beim Betrachten des Film rief sie unablässig „So a Kriepel, so a Kriepel“ („So ein Krepel, so ein Krepel!“). Fortan blieb der Schauspieler für sie „a Kriepel“, auch wenn er mal eine positive Rolle spielte. Ähnlich war es mit dem DDR-Schauspieler Hanjo Hasse. Dieser konnte wunderbar einen richtig fies zynischen SS-Offizier spielen. Seine ganze Physiognomie schien eigens dafür geschaffen. Auch für diesen kannte meine Großmutter keine Gnade, erst falls er erschossen wurde. Dann war er für meine Großmutter wirklich tot und sie war zufrieden.

Viele Vorabendserien wurden kaum verpasst, besonders am Samstag. Dazu fallen mir besonders die Geschichten um den Delfin „Flipper", "Tarzan", „SOS Charterboot" oder „Daktari" ein. Gerade um diese Serien zu sehen, pilgerten wir samstagabends oft zu Martinas Onkel Fritz, der aufgrund seiner umfangreichen Beziehungen schon über das zweite „Westprogramm" verfügte. Eigentlich konnte in der DDR kaum jemand diesen Sender empfangen, doch Fritz hatte es wieder einmal unbegreiflicherweise geschafft und ließ uns Meute bereitwillig in sein Haus, um die begehrten Sendungen zu sehen. Für uns war das immer ein Erlebnis! Es war auch noch die Zeit, in der sich die ganze Familie und damit mehrere Generationen vor dem Fernseher versammelten. In den großen Fernsehshows jener Jahre war auch für jeden etwas dabei. Ich erinnere mich noch lebhaft an die „Peter-Alexander-Show" oder an „Der Goldene Schuss". Später kam noch „Am laufenden Band" mit Rudi Carrell dazu. Die erstgenannte Show erreichte Einschaltquoten von 80 (achtzig!) Prozent – für heutige Fernsehbeiträge kaum noch vorstellbar. Auch die Dispute und Handlungen außerhalb des Films waren bei uns immer von hohem Unterhaltungswert. Zum Fernsehen erschien meine Großmutter immer mit ihrer kleinen Fußbank, weil ihre kurzen Beine sonst nicht auf die Erde reichten. Ihr Platz war immer der Sessel neben dem Kachelofen. Da sie, ebenso wie meine Mutter, bis zum letzten Augenblick in der „Kich" (suddt. für „Küche") gearbeitet hatte, schlief sie oft schnell ein. In jedem neuen Film wachte sie auf und brachte alles durcheinander. Aufgeregt rief sie:

„Dos is der Merd!“ (suddt. für „Das ist der Mörder!“). Darauf antwortete meine Mutter: „Na, dos is der Kriminal!“ (suddt. für „Nein, das ist der Kriminalist!“). Meine Großmutter beharrte: „Na, dos is der Merd!“ und so ging es zu unserer Belustigung munter weiter. Manchmal schlief allerdings auch meine Mutter schnell ein. Sie saß auf einem unbequemen Stuhl mit Blickrichtung Fernseher. Der Stuhl schien ihr nichts auszumachen. Ihren Kopf seitlich an das alte Wohnzimmerbuffet gelehnt, konnte sie in dieser merkwürdigen Position gut schlafen. Wir wunderten uns nur immer wieder, das sie keine Wölbung in die harte Schranktür drückte. Auch das manchmal verschmähte DDR-Fernsehen hatte gerade auch für uns Kinder durchaus einiges zu bieten. So kam sonntags immer „Schnippel-die Schnappel-Schnippel die Scher‘ –j Der Meister Nadelöhr“, samstags „Professor Flimmrich (zeigt und erzählt …)“ und auch Pittiplatsch, Schnatterinchen, Herr Fuchs und Frau Elster waren gern gesehen. Sogar die Sendung „Mach mit, mach‘s nach, mach‘s nach, mach‘s besser“ mit „Adi“ erfreute sich einer gewissen Beliebtheit. Auch Filme wie „Alfons Zitterbacke“ sah ich gern. Dieser Junge erlebte beständig die seltsamsten Abenteuer. Ich fand es besonders lustig, als Zitterbacke eine Unmenge gekochter Eier verspeiste, bis ihm schlecht wurde. Er wollte natürlich Kosmonaut werden und hatte gehört, dass diese im All von eben hart gekochten Eiern lebten. So war der Verzehr praktisch schon eine Vorbereitung auf das „Kosmonautentraining“.

Auch im Rückblick muss ich die in der damaligen DDR und in der damaligen Sowjetunion gedrehten Märchenfilme loben. „Das kalte Herz“, „Der kleine Muck“, „Drei

Haselnüsse für Aschenbrödel", „Frau Holle" und viele andere Märchen waren filmisch sehr gut umgesetzt wurden und sind wohl jedem wohlbekannt, der in jener Zeit in der DDR aufwuchs. Die russischen Märchen „Abenteuer im Zauberwald" und „Die schöne Warwara" seien nur stellvertretend für viele wunderbare Märchenfilme genannt. Oft spielte in diesen Märchen die böse Hexe Baba Jaga mit. Der im Film gezeigte tief verschneite russische Wald ließ mich gerade im Winter am heimischen Kachelofen eine tiefe Geborgenheit empfinden. Märchen können übrigens oft ziemlich grausam sein, wie ich mir dann später so überlegte.

Nur eine Sendung des DDR-Fernsehens sah kaum jemand freiwillig an, wir als Kinder schon gleich gar nicht. Es war die fürchterliche Politsendung „Der schwarze Kanal". Sie wurde von dem ebenso furchtbaren Karl-Eduard von Schnitzler, genannt „Sudel-Ede" moderiert. Bei der NVA war dies übrigens eine Pflichtsendung, der jeder Soldat in Ausgehuniform zu lauschen hatte. Davon aber später mehr.

Überhaupt war es offiziell verpönt, Westfernsehen zu konsumieren. Das waren nach DDR-Lesart lauter „Stacheldrahtsender", kamen vom „Klassenfeind", hier von den „Ultrakapitalisten aus Bonn" und dienten nur der „ideologischen Zersetzung der DDR". So war damals der offizielle Sprachgebrauch und man musste sich gerade in der Schule hüten, Sendungen aus dem Westfernsehen zu erwähnen. Einige Lehrer waren sich auch nicht zu schade, Kinder auszufragen. Diese „Pädagogen" fragten mit Vorliebe scheinheilig nach dem Aussehen der Fernsehuhr, die gegen sieben Uhr, zur „Sandmännchen"-Zeit im Ost- und Westfernsehen gezeigt wurde. Die beiden Uhren sahen natürlich unterschiedlich aus, eine hatte Punkte und die andere Striche als Ziffernersatz. Eine falsche Antwort genügte und schon war man ertappt. Einige linientreue Eltern, wie die der schon erwähnten Monika, verboten ihren Kindern tatsächlich, diese „gefährlichen“ Sender zu sehen. Sie gingen sogar so weit, die entsprechenden Schalter am Fernsehgerät zu entfernen. Bloß gut, dass es bei uns zu Hause nicht so war! Hoffentlich wurde ich damals vom Klassenfeind nicht verseucht! Diese Dinge sind heute kaum noch vorstellbar und auch mein kurzer Rückblick auf dieses Gebiet kann nur ein höchst unvollständiger sein. Im Laufe ihres Bestehens erfuhren diese politischen Indoktrinationen in der DDR eine gewisse Lockerung, blieben aber stets essenziell.

Der Umfang des Materials zum Thema „Funk und Fernsehen“ in dieser Zeit würde gut und gerne ein weiteres Buch füllen. Daher möchte ich nur noch ein für uns damals absolutes Großereignis erwähnen, welches im Fernsehen übertragen wurde. Es handelt sich um die Bilder der ersten Mondlandung am 21.07.1969. Ich kann mich noch gut daran erinnern, wie die Fernsehsender ihre laufenden Sendungen unterbrachen, um zu zeigen, wie der erste Mensch in der Geschichte den Mond betrat. Die Welt hielt sprichwörtlich den Atem an, als der US-Astronaut Neil Armstrong die inzwischen historischen Worte „Ein kleiner Schritt für mich – ein großer für die Menschheit“ sprach und vom Landegerät „Eagle“ aus diesen Schritt wagte. Damals war die Begeisterung für die Raumfahrt noch weit verbreitet, es herrschte eine heute kaum noch vorstellbare Aufbruchstimmung und so hat sich bei mir diese Großtat unauslöschlich eingeprägt.

Damit möchte ich dieses Thema bewenden lassen und hoffe, ein paar typische Beispiele ausgewählt zu haben.

Und so begannen unmerklich die siebziger Jahre. Langsam erweiterte sich der Kreis meiner Gefährten. Die alten Verbindungen blieben bestehen, aber Veränderungen traten ein. Die Älteren von uns begannen ihre eigenen Wege zu gehen, heirateten und manche zogen weg. Auf unserem alten Hof, der so vieles gesehen hatte, wurde es merklich ruhiger. Aber ich hatte ja jetzt schon meine Schulfreunde und etliche Spielgefährten aus den anderen Straßen Kleinwittenbergs. Und so begann für mich ein wunderschönes Jahrzehnt, eine Zeit voller neuer Abenteuer und Streiche. Wieder brachte jeder Tag etwas Neues, wieder war jeder Tag spannend. Auch das erste Verliebtsein, das erste Rendezvous und das damit verbundene Herzklopfen fiel in jene Jahre. Und dann wieder die Musik! Ebenso wie die Hits aus den Sechzigern begleitet sie mich bis heute. Schon beim ersten Akkord entstehen Bilder aus dieser Zeit in meinem Kopf.

Aber bevor ich zu den „Goldenen Siebzigern" komme, möchte ich noch ein paar Worte über das schreiben, was ich meinen älteren „Hofgefährten" verdanke und was bis heute ein wichtiger Teil meines Lebens ist und bleiben wird. In diesem Zusammenhang ist es gewiss auch wichtig, die altersmäßige Zusammensetzung meiner damaligen Gefährten und Vorbilder zu erwähnen. Mädchen und Jungen unterschiedlichsten Alters wohnten im Haus oder kamen zu uns. Alle waren unterschiedliche Menschen, hatten verschiedene Charakterzüge und Interessen, manchmal allerdings auch sehr ähnliche. Diese Tatsache machte das Ganze auch so interessant und bunt, denn jeder trug etwas

Neues zu unserem Leben bei. Natürlich gingen die Kleinen den Großen oft auf den Nerv, weil diese auf die Kleinen aufpassen und sie überall hin mitschleppen sollten. Meine Schwester war so ein bedauernswerter Fall und ich ihr Quälgeist. Eines schönen Tages wollte Medy am Wochenende mit Dietmar ins Kino gehen. Mein Cousin hatte schon die begehrten Karten für den damals bejubelten Film „Robin Hood und die Piraten" besorgt. Meine Großmutter war im Bad mit ihrem Waschbrett zugange. Als Medy sich bei ihr zum Kinobesuch abmelden wollte, verbot meine Großmutter ihr kurzerhand diesen. Sie sollte ja schließlich auf mich aufpassen und ich durfte noch nicht in diesen Film. Die Kinokarte wurde von meiner ansonsten gutmütigen Großmutter auch noch zerrissen, da kannte sie nichts! Überhaupt bekam Medy immer das meiste von meiner Großmutter ab. Mein Bruder Harry war der Große, der „Gottlich" und unberührbar. Ich war der „klaane Gung" „(suddt. für „kleiner Junge") und bekam wenig ab von meiner Großmutter. Also war mein Schwesterchen die „Grog" (suddt. etwa für „Biest") und bekam schon mal eine von den alten Trainingshosen mit den dicken Reißverschlüssen oder den „olden Hoder" (suddt. für „alter Scheuerlappen") über den Kopf geknallt. Dieser hing immer halb über den Eimer für dringende urinale Geschäfte und hatte den entsprechenden Geruch angenommen, den Medy nun besonders intensiv genießen konnte. Das war alles hart und ich kann mir heute vorstellen, dass Medy mich damals am liebsten erwürgt hätte, aber mein liebes Schwesterchen trug mir nichts nach, letztendlich konnte ich ja auch nichts dafür.

Eine für mich nicht so gute Idee von den Älteren war es auch, mich am Baum zählen zu lassen, so als ob man mit mir Verstecken spielen wolle. Der Plan war aber, während ich zählte, heimlich zum Rummel zu verschwinden. Aber wiederum hatte meine Schwester ein großes Herz und schleppte mich schließlich mit. Es war aber auch zu schön für mich, manchmal mit den Großen an deren Unternehmungen teilnehmen zu dürfen! Aber ich hatte ja auch noch Spielgefährten in meinem Alter und so wurde mir die Zeit ohnehin nie lang. Dadurch lernte ich, gewissermaßen „spielend“, mit anderen Menschen umzugehen oder zu kommunizieren, wie es so schön heißt. Diese Fähigkeit halte ich gerade heute auch für sehr wichtig, da sie in der Epoche der iPhones und Computer immer mehr zu verschwinden droht. Bei mancher Zusammenkunft heute fühle ich mich wie in einem Club der Autisten. Keiner weiß mehr etwas zu erzählen und fummelt pausenlos am Handy rum. Wie furchtbar!

Wie in meinen Aufzeichnungen ersichtlich ist, zieht sich auch Musik immer wieder wie ein roter Faden durch mein Leben. Auch heute ist das noch so und diese enge Bindung verdanke ich auch Menschen aus dieser Zeit. Ohne die Beatgruppen wirklich zu kennen, hörte und sah ich sie in Aktion, natürlich nur im Schwarz-Weiß-Fernseher oder im Radio. Gerade Dietmar und seine Kumpels als große Beat-Fans steckten mich sehr zeitig an. Bald war ich auch süchtig nach den Klängen und konnte ebenso bald „Satisfaction“ nachplappern. Es gab auch Schlagerfans in dieser Zeit und so manches davon hörte ich gern und tue es auch heute noch. Gerade auch die „harten Kerle“ von damals, wie die B.-Brüder, schmolzen beim Hören der rührseligsten Schnulzen regelrecht dahin. Jeden Sonntagvormittag war aus ihrem geöffneten Fenster am Kleinwittenberger Marktplatz „Ganz in Weiß“ oder „Das Mädchen Carina“ von Roy Black zu hören, wenn man daran vorbeiging. Wie oft hat mir Musik geholfen, wenn ich Kummer hatte, wie oft hat sie mich wieder aufgerichtet, mir neue Hoffnung gegeben! Bei mancher Ballade konnte man sich später auch wunderschön im Liebeskummer suhlen oder umgedreht bei anderen Musikstücken seine ganze Wut und Verzweiflung rauslassen. Musik bedeutet für mich immer auch Gefühl und noch immer bekomme ich manchmal Gänsehaut, wenn ich nur den ersten Akkord manchen Stückes höre. Ich könnte hier zum Glück viele Dutzend Titel aus dieser Zeit aufzählen, bei denen das geschieht. Stellvertretend will ich nur „Saved by the Bell“ (Robin Gibb), „August, October“ (Bee Gees), „The Sound of Silence“ (Simon and Garfunkel), „Have you ever seen the Rain?“ (CCR), „Imagine“ (John Lennon), „Let it be“ (The Beatles), „Only the lonely“ (Roy Orbison), „SOS“ (ABBA) und das wunderbar für unglücklich Verliebte geeignete „Love hurts“ (Nazareth) nennen. Bei Scott McKenzies „San Francisco“ oder „California Dreaming“ von den Mamas and Papas konnte ich mir wunderschön vorstellen, mich an der sonnigen Küste des damals unerreichbaren Kaliforniens zu befinden, ohne Sorgen, aber natürlich mit einer filterlosen Zigarette. Je nach Stimmungslage überkamen mich beim Hören dann ent- weder Fernweh, Melancholie oder auch Hoffnung – einfach wunderschön! Meine Liebe zur englischen Sprache resultiert wahrscheinlich auch daraus, die Texte der Songs so schnell wie möglich zu verstehen.

Auch beim Lesen, einer weiteren großen Leidenschaft von mir, spielen Vorbilder wieder eine große Rolle. Natürlich steht hierbei auch mein Vater, der bis heute ein eifriger Leser ist, im Vordergrund. Aber auch Botte, der Kumpel meines Cousins Dietmar, hat mit seinen überaus spannenden (den damals herausgegebenen) „Cotton"-Romanen, die Leselust früh bei mir mitentfacht. Natürlich las ich mit der Zeit auch viele andere Bücher und tue dies bis heute. Ich schlich mit Sherlock Holmes und Dr. Watson durch die nebelverhangenen Straßen Londons auf der Suche nach dem genialen Verbrecher Prof. Moriarty, ich befand mich auf dem Segelschiff „Bounty" unter dem Befehl des grausamen Kapitäns Bligh oder durchschritt mit Howard Carter das „Tal der Könige" in Ägypten. Natürlich alles nur in meiner Fantasie beim Lesen. Wie oft haben wir auch den Gruselgeschichten unserer Mutter und Großmutter gelauscht und wie oft standen uns vor lauter Grusel die Haare zu Berge!Aber es war ein angenehmer Grusel, wir befanden uns ja schließlich in der Sicherheit der warmen Küche, neben dem warmen Ofen, aus dem rot die Glut schien.

Ich finde es bis heute wichtig, Fantasie zu haben, nicht nur zum Gruseln selbstverständlich. Ohne Fantasie gibt es keine Kreativität, kein Vorwärtskommen. Auch dies ist eine Einsicht, die mir Ältere vielleicht unbewusst vermittelt haben. Ich verdanke jenen Menschen, die mich durch diese Zeit begleitet haben, also viel und dafür werde ich immer dankbar sein. Schöne Erinnerungen sollte nicht gering geschätzt werden. Viele Menschen habe diese nicht, können nicht wenigstens im Gedanken in eine glückliche Zeit zurückkehren, gerade auch wenn der Weg mal dunkel wird. Alles, was wir heute sind, wie wir sind, resultiert aus der Vergangenheit. Ohne sie kann die Gegenwart nicht beurteilt und auch die Zukunft nicht gestaltet werden. Man mutiert zu einem funktionalen Gegenwartsmenschen ohne Fantasie, gleichzeitig noch vielleicht zu dem gewünschten Konsum-Zombie. Aber es sind nicht nur die schönen Erinnerungen, von denen ich viele meinen Gefährten verdanke, sondern auch eine ganze Reihe meiner Leidenschaften. Ob Musik oder Lesen, das Benutzen des eigenen Gehirns oder eben die Fantasie – alles ist mit dieser Zeit und meinen damaligen Vorbildern verknüpft. Wie alle wirklich wichtigen Dinge, ist dies nicht für alles Geld der Welt zu kaufen oder zu ersetzen, wie sehr manche Leute das auch glauben mögen. Auch gibt es dafür kein Verfallsdatum, ich werde mein ganzes Leben davon profitieren und ich denke, das ist das schönste Geschenk. Alle Menschen aus dieser Zeit, die diese Zeilen lesen, danke ich von ganzen Herzen dafür. Wir werden für immer verbunden bleiben – The same old line going back in Time!

In meinem zweiten Buch werden die siebziger Jahre, meine Jugendzeit bis zum Erwachsensein und alle damit verbundenen Erlebnisse im alten Kleinwittenberg zu neuem Leben erwachen.

Hinweisen möchte ich auf das beabsichtigte Buch „In the Army now – Mein Leben in der NVA“.